ATOS DOS APÓSTOLOS
e Cartas de São Paulo

Dados Internacionais de Catalogação na Publicação (CIP)
(Câmara Brasileira do Livro, SP, Brasil)

Fonsatti, José Carlos
  Atos dos Apóstolos e Cartas de São Paulo/Pe. José Carlos Fonsatti, CM. – Petrópolis: Vozes, 2022. – (Coleção Introdução à Bíblia)

  Bibliografia.
  ISBN 978-65-5713-571-6

  1. Bíblia – Introduções 2. Bíblia. N.T. Atos dos Apóstolos – História de eventos bíblicos 3. Bíblia. N.T. Epístolas de Paulo I. Título. II. Série.

22-103759   CDD-226

Índices para catálogo sistemático:
1. Bíblia: Novo Testamento: Atos dos Apóstolos:
Cristianismo 226
Eliete Marques da Silva – Bibliotecária – CRB-8/9380

Pe. José Carlos Fonsatti, CM

ATOS DOS APÓSTOLOS
e Cartas de São Paulo

Coleção Introdução à Bíblia

Petrópolis

© 2022, Editora Vozes Ltda.
Rua Frei Luís, 100
25689-900 Petrópolis, RJ
www.vozes.com.br
Brasil

Todos os direitos reservados. Nenhuma parte desta obra poderá ser reproduzida ou transmitida por qualquer forma e/ou quaisquer meios (eletrônico ou mecânico, incluindo fotocópia e gravação) ou arquivada em qualquer sistema ou banco de dados sem permissão escrita da editora.

CONSELHO EDITORIAL

Diretor
Gilberto Gonçalves Garcia

Editores
Aline dos Santos Carneiro
Edrian Josué Pasini
Marilac Loraine Oleniki
Welder Lancieri Marchini

Conselheiros
Francisco Morás
Ludovico Garmus
Teobaldo Heidemann
Volney J. Berkenbrock

Secretário executivo
Leonardo A.R.T. dos Santos

Diagramação: Victor Mauricio Bello
Revisão gráfica: Alessandra Karl
Capa: Editora Vozes

ISBN 978-65-5713-571-6

Este livro foi composto e impresso pela Editora Vozes Ltda.

SUMÁRIO

Apresentação, 7

PRIMEIRA PARTE: OS ATOS DOS APÓSTOLOS, 9

    I. Objetivo do autor, 11
    II. Estrutura do livro, 14
    III. Material e fontes, 16
    IV. Composição do texto, 18
    V. O autor, 20
    VI. Data de composição, 21
    VII. Valor histórico, 22

SEGUNDA PARTE: AS CARTAS DE PAULO, 23

I. INTRODUÇÃO GERAL, 25

    1. Cronologia das cartas, 26
    2. Esquema, 27
    3. Secretários, 29
    4. Cartas perdidas, 30
    5. Autenticidade, 32
    6. Coleção das Cartas, 33
    7. Divisão das Cartas e ordem no Novo Testamento, 34

II. INTRODUÇÃO ESPECÍFICA ÀS CARTAS DE SÃO PAULO, 35

    1. As Cartas aos Tessalonicenses, 36
    2. As Cartas aos Coríntios, 43
    3. A Carta aos Gálatas, 53
    4. A Carta aos Filipenses, 58

5. A Carta a Filêmon, 64
6. A Carta aos Colossenses, 67
7. A Carta aos Romanos, 72
8. A Carta aos Efésios, 77
9. As Cartas Pastorais, 85

Referências, 94

APRESENTAÇÃO

Este livro está dividido em duas partes distintas. A primeira é uma introdução ao livro dos Atos dos Apóstolos; a segunda apresenta uma introdução a cada uma das cartas de São Paulo.

Os Atos dos Apóstolos apresentam a difusão do Evangelho partindo de Jerusalém até atingir o coração do Império Romano, sua capital Roma. Esse livro foi chamado por muitos de "Evangelho do Espírito Santo". De fato, o Espírito Santo é o protagonista da difusão do Evangelho até os confins da terra. Jesus, antes de ascender aos céus, tinha dito a seus apóstolos: *"Recebereis uma força, o Espírito Santo que virá sobre vós; e sereis minhas testemunhas em Jerusalém, em toda a Judeia e Samaria, até os confins da terra"* (At 1,8).

Lucas mostra como essas palavras de Jesus se realizaram pela ação dos dois grandes Apóstolos Pedro e Paulo. Ao narrar a ação evangelizadora de São Paulo com suas viagens pela Ásia Menor, Grécia e até Roma, os Atos dos Apóstolos apresentam a fundação de muitas comunidades cristãs.

As Cartas de São Paulo, por sua vez, nos permitem entrever a vida de algumas dessas primeiras comunidades cristãs, com suas preocupações e anseios. Sabemos que muitas vezes é difícil a compreensão das Cartas de São Paulo. Sobre isso, o autor da Segunda Carta de São Pedro, no início do século II, observou que nas cartas de São Paulo *"há alguns pontos difíceis de entender"* (2Pd 3,15-16). A mesma dificuldade se apresenta ainda hoje para aqueles que, depois da leitura dos evangelhos, iniciam a leitura das Cartas Paulinas.

Caro leitor, o objetivo deste livro, em sua segunda parte, não é aprofundar o conteúdo de cada uma das cartas, mas apresentar uma introdução colocando-as no contexto em que foram escritas. Estou convencido de que a compreensão de cada carta depende muito do conhecimento de cada comunidade cristã à qual é dirigida. Por isso, procurei seguir, sempre que possível, o mesmo esquema: a cidade, a comunidade e a carta. Mesmo consciente de que nem sempre é possível datar com exatidão algumas cartas, elas serão estudadas em ordem cronológica.

Este livro quer ser um instrumento de estudo para aqueles que desejam conhecer mais de perto o Livro dos Atos dos Apóstolos e as Cartas de São Paulo.

Por isso, sugere-se para ser muito mais proveitosa sua compreensão ler os textos sagrados depois de ler as introduções aqui apresentadas

Pe. José Carlos Fonsatti, CM

PRIMEIRA PARTE
OS ATOS DOS APÓSTOLOS

Desde o segundo século este livro do Novo Testamento é conhecido com o título de Atos dos Apóstolos ou com pequenas variações como: *Ato dos Apóstolos* ou *Atos de todos os Apóstolos*. O título não traduz com exatidão o conteúdo do livro. De fato, não são narrados todos os atos de todos os apóstolos. São mencionados apenas os apóstolos Pedro e João, o Apóstolo Tiago, filho de Zebedeu, de quem é narrada apenas a morte; do Apóstolo Matias é narrada somente a sua escolha para ocupar o lugar de Judas Iscariotes, de quem se menciona apenas a morte. De outro lado são lembrados outros personagens importantes da Igreja nascente, como os diáconos Estêvão e Felipe, ou ainda Barnabé; João Marcos que é identificado com o Evangelista Marcos, Apolo e, sobretudo, Paulo, que nós consideramos apóstolo, mas que o autor não coloca entre os Doze Apóstolos.

O gênero literário "Atos" era comum na época em que o livro foi escrito. Eram antologias, coleções de relatos das façanhas e de fatos maravilhosos e edificantes de alguns personagens, como por exemplo, Hércules, Alexandre Magno, Aníbal, entre outros. São conhecidos os "Atos de Alexandre Magno" escrito por Calístenes, o historiador do próprio Alexandre, ou "Os atos de Aníbal" escrito por Sosilo, que acompanhou as conquistas do grande general de Cartago.

Provavelmente o título do livro não provêm do autor. Não sabemos quem deu ao texto esse título. Porém, não foi mal escolhido, pois o livro narra alguns acontecimentos importantes da Igreja nascente, obra de alguns personagens expressivos, sobretudo os apóstolos Pedro e Paulo. Embora seja tratado, muitas vezes, como história da Igreja Primitiva, não se trata de um livro de história. O objetivo do autor não era narrar a história do início da Igreja.

OBJETIVO DO AUTOR

Qual é, então, o objetivo do livro. Ao longo do tempo foram propostos vários objetivos. Por exemplo: O autor do livro dos Atos dos Apóstolos era amigo de Paulo e teria escrito esse livro para apresentar a sua defesa perante o tribunal do imperador por ocasião do seu processo. Lucas teria usado um escrito anterior que contava a vida de Jesus e dos inícios da Igreja e acrescentado um resumo da atividade de Paulo. Porém, é impossível ver no esquema do livro uma preocupação apologética da causa de Paulo.

Para outros o objetivo do autor seria mostrar um completo acordo entre o "cristianismo petrino" e o "cristianismo paulino". Por "cristianismo petrino" se indica um modo de ser Igreja ainda muito ligado ao judaísmo. Não podemos nos esquecer que os primeiros cristãos, bem como todos os apóstolos e o próprio Jesus eram judeus, tinham uma espiritualidade judaica, centrada na observância da Lei Divina. Pedro representaria, portanto, o grupo de cristãos que mantinham suas práticas judaicas. Já o "cristianismo paulino" era um modo novo de viver a fé em Jesus Cristo totalmente desvencilhada do judaísmo como propunha São Paulo.

Sem dúvidas, no início da Igreja houve tensões entre os cristãos judeus e os cristãos não judeus a respeito da observância da Lei Mosaica. A primeira assembleia geral da Igreja, chamada por muitos de Concílio de Jerusalém (At 15), tratou exatamente desse assunto. Os cristãos não judeus começavam a ultrapassar em número os cristãos judeus. Uns observavam a Lei Mosaica, outros não. A Carta aos Gálatas e a Carta aos Romanos retratam bem essa tensão. Porém, o Livro dos Atos dos Apóstolos não mostra uma ruptura na Igreja entre os cristãos de origem judaica que estariam ligados a Pedro e os cristãos não judeus ligados à Paulo. Ao contrário, o livro mostra que o Evangelho da salvação é oferecido a todos sem distinção de raça. O próprio Apóstolo Paulo sempre inicia a evangelização de uma cidade pregando para os judeus, na sinagoga.

Outros ainda dizem que o livro é uma apologia (defesa) do cristianismo na tentativa de obter do senado romano o título de "religião lícita" como o judaísmo. De fato, no Império Romano, uma religião para ser praticada e pregada publicamente necessitava da autorização do senado romano. O judaísmo era reconhecido como religião lícita, mas o cristianismo não. Para conseguir do senado romano o título de "religião lícita", o autor teria apresentado algumas autoridades romanas, como os procuradores Felix, Festo da Judeia e Galião da Acaia como favoráveis ao cristianismo.

Atualmente essas propostas são abandonadas totalmente ou em parte. A maioria dos estudiosos dos Atos dos Apóstolos prefere ver o objetivo do autor nas palavras de Jesus antes de sua ascensão aos céus: *"Vós sereis minhas testemunhas em Jerusalém, em toda a Judeia, na Samaria e até os confins da terra" (At 1,8).*

Para entender bem esse objetivo é preciso saber que o terceiro Evangelho e os Atos dos Apóstolos no início formavam uma única obra. Lucas se propusera escrever uma grande obra que ultrapassava os limites da vida de Jesus. Seu objetivo era mostrar como a Boa-nova da salvação anunciada por Jesus na sinagoga de Nazaré, uma aldeia que nem constava nos mapas da época (Lc 4), se espalhou por todo o Império Romano e atingiu sua capital, Roma (At 28). Assim, Lucas dividiu sua grande obra em duas partes: Os Atos de Jesus, que nós chamamos de Evangelho Segundo Lucas, e os Atos dos Apóstolos.

Pela ação de Jesus, com seus ensinamentos e milagres, o anúncio da salvação chegou em Jerusalém. E pela ação dos apóstolos de Jesus o mesmo anúncio saiu de Jerusalém e chegou em Roma, o coração do império. O caminho percorrido pelo anúncio da salvação entre Nazaré da Galileia e Jerusalém, a capital do país, é obra de Jesus e está narrado no Evangelho Segundo Lucas. Já o caminho percorrido entre Jerusalém e Roma, a capital do império, é obra dos apóstolos, sobretudo de Pedro e Paulo, e está contado no Livro dos Atos dos Apóstolos.

É fácil descobrir nos Atos dos Apóstolos uma perspectiva linear que, partindo de Jerusalém e passando por cidades como Antioquia da Síria, Derbe, Listra, Icônio, Éfeso, Filipos, Tessalônica, Atenas, Corinto, chega até Roma. Antes de chegar à capital, o anúncio da salvação atingiu grandes centros do império na Ásia e na Europa. Com essa perspectiva se torna fácil compreender por que Lucas não se preocupou com a difusão do Evangelho na direção do Egito, da Índia e da Mesopotâmia. E também, por que não narrou a morte de Paulo. Seu objetivo era mostrar como a Boa-nova da salvação chegou até Roma.

O autor não se apresenta como um historiador ou cronista, mas como um teólogo; e mais, como catequista. Ele quer mostrar a Teófilo a solidez de sua fé (Lc 1,3-4). Por isso, ele procurou colocar os acontecimentos que narra em uma moldura histórico-teológica. As raízes da fé de Teófilo, e consequentemente da nossa, estão fundamentadas nas promessas divinas feitas ao povo de Israel no Antigo Testamento. Com Jesus começou o "Hoje da salvação", isto é, o tempo da realização das promessas divinas. E o "Hoje da salvação" não terminou com a ascensão de Jesus aos céus, mas continuou na ação dos seus seguidores movidos pelo Espírito Santo, a "força enviada do Pai" (At 1,8), e continua conosco até quando o Senhor voltar.

> Ora, como as promessas feitas aos judeus se realizaram em uma comunidade formada na sua grande maioria por gentios, isto é, não judeus?

O anúncio da salvação é feito a todos, sem distinção de raça. Primeiramente a salvação foi oferecida aos judeus. Por isso, o Evangelho foi anunciado primeiro em Jerusalém. Porém, diante da rejeição da pessoa de Jesus e de sua proposta pelas autoridades religiosas do judaísmo da época, os apóstolos se dirigiram aos não judeus que acolheram o anúncio da salvação. À proporção que o anúncio do Evangelho vai se distanciando geograficamente de Jerusalém, vai acontecendo o ingresso dos gentios na Igreja. Essa gradativa passagem do Evangelho do mundo judaico para o mundo grego romano é, segundo Lucas, obra do Espírito Santo que guiou Jesus e os apóstolos.

II

ESTRUTURA DO LIVRO

Tendo como objetivo o texto de At 1,8, Lucas estruturou seu livro em três partes utilizando como base a geografia: Jerusalém, Judeia, confins da terra.

Prólogo: 1,1-5

1ª Parte: O anúncio do Evangelho em Jerusalém: 1,6–8,3.
- A ascensão de Jesus: 1,6-11.
- A escolha do Apóstolo Matias: 1,12-26.
- Pentecostes: 2,1-13.
- O primeiro anúncio do Evangelho: 2,14-41.
- A primeira comunidade cristã: 2,42-47; 4,32-37; 5,12-16.
- O primeiro milagre realizado por Pedro: 3,1-26.
- Atritos com o Sinédrio: 4,1-22; 5,17-42.
- As primeiras dificuldades: 5,1-11.
- A instituição dos diáconos: 6,1-7.
- Prisão e morte de Estêvão: 6,8–8,3.

2ª Parte: O anúncio do Evangelho na Judeia e na Samaria: 8,4–12,25.
- A evangelização da Samaria e a região de Gaza: 8,4-40.
- A vocação de Saulo de Tarso: 9,1-30.
- O Apóstolo Pedro visita as comunidades de Lida e Jope: 9,31-43.
- A conversão do primeiro pagão, Cornélio: 10,1–11,18.
- A fundação da Igreja de Antioquia: 11,19-30.
- Prisão e libertação de Pedro: 12,1-19.
- A morte de Herodes Agripa I: 12,20-23.
- Barnabé e Saulo chegam em Antioquia: 12,24-25.

3ª Parte: O anúncio do Evangelho na Ásia e Europa: 13,1–28,31.
- A primeira viagem missionária de Paulo: 13,1–14,28.
- A assembleia em Jerusalém: 15,1-35.
- A segunda viagem missionária de Paulo: 15,36–18,22.
- A terceira viagem missionária de Paulo: 18,23–21,16.
- Paulo em Jerusalém: sua prisão e processo no sinédrio: 21,17–23,22.
- Prisão de Paulo em Cesareia Marítima: 23,23–26,32.
- A viagem de Paulo para Roma: 27,1–28,31.

MATERIAL E FONTES

Para narrar o caminho do Evangelho de Jerusalém até Roma, o autor se serviu de um vasto material. Por material se entende os vários tipos de textos de um determinado livro bíblico. Nos Atos dos Apóstolos encontramos três tipos principais de material:

- Em primeiro lugar nos deparamos com muitos textos narrativos seja de milagres, da vida dos primeiros cristãos, de viagens de vários personagens, sobretudo, de São Paulo, narrativas de perseguições, de mortes.
- Encontramos também vinte e quatro discursos/sermões. Alguns são chamados "discursos querigmáticos", porque anunciam o querígma, isto é, a morte e ressurreição de Jesus. Por exemplo: At 2; 3; 10; 13; 14; 17. Outros são denominados "discursos apologéticos", ou seja, de defesa da fé. Por exemplo: At 7; 22; 23; 24; 26. Esses discursos são atribuídos a personagens importantes como Pedro, Paulo, Estevão, e oferecem o real sentido dos acontecimentos. Por exemplo, o primeiro discurso de Pedro (At 2,14-36) oferece o sentido verdadeiro da teofania de Pentecostes (At 2,1-13).
- Há também vários resumos sobre a comunidade cristã, sobre a evangelização de algumas regiões ou das viagens de São Paulo. Exemplos: At 2,42-47; 4,32-35; 5,12-16 sobre a comunidade cristã.

Onde Lucas encontrou esse material?

É sabido que, para compor seu Evangelho, Lucas se serviu do Evangelho de Marcos, de uma coleção de ensinamentos de Jesus, denominada pelos teólogos de "Fonte Q" (da palavra alemã "Quelle" que significa fonte) e do testemunho daqueles que conviveram com Jesus.

Para a composição dos Atos dos Apóstolos é muito mais difícil identificar as fontes do autor. Alguns biblistas aceitam a hipótese de que o próprio Lucas, em suas viagens e contatos com os cristãos, teria reunido um bom material que lhe serviu de base. Outros admitem que Lucas tenha se servido de um escrito anterior ou que tenha reunido vários textos escritos. Por exemplo: narrações sobre o Apóstolo Pedro (At 3,1-10; 5,1-11; 9,32-43; 10,1-48; 12,1-19), elenco de nomes (At 6,5; 13,1), informações sobre a Comunidade de Antioquia (11,19-26); memórias das viagens de São Paulo anotadas por ele mesmo (At 16,10-17; 20,5-15; 21,1-8, 27,1–28,16). A afirmação de Lucas de que escreveu *"após acurada investigação de tudo desde o princípio" (Lc 1,3)* não se refere apenas aos Atos de Jesus (Evangelho), mas também ao Atos dos Apóstolos.

COMPOSIÇÃO DO TEXTO

Mesmo não sendo um historiador, o autor agiu como os historiadores do seu tempo que não escreviam a história pela história, mas para a utilidade e deleite dos leitores, para transmitir um ensinamento. Seu objetivo era evangelizar, fortalecer a fé. E ele o fez escrevendo fatos históricos. História e ensinamento são, portanto, inseparáveis nos Atos dos Apóstolos. Ele serviu-se de algumas técnicas de composição comuns na sua época:

- **Os discursos/sermões:** Como afirmamos anteriormente, os discursos têm o objetivo de oferecer aos leitores o verdadeiro significado dos acontecimentos. Por essa razão, após importantes fatos (Pentecostes, cura de um paralítico, conversão de Cornélio), o autor colocou um discurso que ilumina o acontecimento.

- **Os personagens:** Sua atenção se concentra sobre alguns personagens, sobretudo, Pedro e Paulo. Seus personagens aparecem e desaparecem dependendo da função que ocupam na narração. Por exemplo: Matias é escolhido como apóstolo no lugar de Judas Iscariotes e logo depois desaparece; o diácono Filipe evangeliza a Samaria e a faixa de Gaza e não é mais mencionado; o próprio Paulo desaparece depois de chegar em Roma. Os personagens são importantes enquanto desempenham um papel na história narrada.

- **Os entrelaçamentos:** O autor usa de referências para frente ou para trás ao narrar os fatos. Por exemplo, ele introduz antecipadamente um personagem ou um fato para preparar o leitor para o que acontecerá no futuro. Assim, a menção de Saulo no momento da morte de Estevão (7,58) prepara sua conversão (9) e sua futura ação (13s.). A fundação da Igreja de Antioquia (11,19-26) prepara o importante papel dessa comunidade na difusão do Evangelho (13s.).

- **Paralelismo de situações e personagens:** Muitos acontecimentos são narrados tendo como pano de fundo a vida de Jesus. Assim, o processo e a morte de Estevão, o primeiro mártir da Igreja, são descritos com base no processo e na morte de Jesus. A morte dos cristãos é o prolongamento da morte de Jesus.

A última viagem de Paulo para Jerusalém lembra a viagem de Jesus para a cidade santa antes de sua morte. Existe também um paralelismo entre Pedro e Paulo. Exemplos: Pedro vence a magia na Samaria (8,18-24) e Paulo desmascara o mago Élimas em Chipre (13,6-13); Pedro cura Enéas em Lida (9,32-35) e Paulo cura um aleijado em Listra (14,8-18); Pedro ressuscita Tabita (9,36-43) e Paulo ressuscita Êutico (20,7-12).

- **Repetições:** Alguns acontecimentos são narrados várias vezes para ressaltar sua importância. Exemplo: a conversão de Paulo é narrada três vezes (At 9,1-19; 22,5-16; 26,9-18). O mesmo acontece com as visões de Cornélio e de Pedro e o Batismo do centurião e de sua família (10,1–11,18).

- **Idealização:** Comunidades e personagens são apresentados como modelos de comportamento. Assim, a unidade e a caridade da Igreja de Jerusalém; a abertura missionária da Igreja de Antioquia; a incansável atividade evangelizadora de Paulo servem de exemplo para os cristãos.

V
O AUTOR

A identificação do autor do livro está relacionada a outras duas questões:

1. O autor dos Atos dos Apóstolos é o mesmo autor da chamada "sessão nós" (At 16,10-17; 20,5-15; 21,1-8; 27,1–28,16)?
Esses textos são chamados de "sessão nós" porque foram redigidos usando a primeira pessoa do plural, "nós". E, certamente foram escritos por um colaborador de São Paulo que presenciou os fatos narrados. A "sessão nós" termina com a chegada de Paulo em Roma (28,16). E na Segunda Carta a Timóteo, Paulo afirma que Lucas era o único de seus colaboradores que estava com ele em sua prisão (2Tm 4,11).
2. A identificação do autor dos Atos dos Apóstolos com o autor da "sessão nós" é aceita por grande parte dos estudiosos por causa do vocabulário e estilo semelhantes.
O autor dos Atos dos Apóstolos é também autor do terceiro Evangelho? Também aqui a identificação é admitida. O vocabulário, o estilo e a teologia dos Atos dos Apóstolos é semelhante aos do Evangelho Segundo Lucas. O prólogo dos Atos dos Apóstolos lembra o prólogo do Evangelho de Lucas (L 1,1-4 e At 1,1-2).

A Tradição da Igreja é unânime em atribuir o terceiro Evangelho e os Atos dos Apóstolos a Lucas, que foi companheiro de Paulo em suas viagens missionárias (cf. Cl 4,14; Fm 24; 2Tm 4,11).

Aqueles que não admitem essa identificação alegam que Lucas era um nome muito comum, e o autor dos Atos dos Apóstolos só foi identificado como companheiro de Paulo a partir do século II. As razões alegadas são o pouco conhecimento que o autor tem da teologia de Paulo, e pelo fato de não fazer nenhuma menção às Cartas do Apóstolo. No entanto, convém lembrar que o autor dos Atos dos Apóstolos não tem como objetivo narrar a vida de Paulo. Seu objetivo é mostrar como a mensagem da salvação se espalhou por todo o Império Romano por obra dos Apóstolos, sobretudo, de Paulo.

DATA DE COMPOSIÇÃO

Se admitirmos a posição da Tradição da Igreja que atribui o livro a Lucas, podemos considerar como data provável de sua composição a década dos anos 80 d.C. Sem dúvidas o livro foi escrito após a composição do terceiro Evangelho.

VII

VALOR HISTÓRICO

Até que ponto podemos considerar o Livro dos Atos dos Apóstolos uma obra histórica?

Muitos autores negaram totalmente o valor histórico do livro considerando-o como uma criação de Lucas com o objetivo de defender São Paulo no tribunal do imperador, ou conciliar as duas correntes do cristianismo da época, uma bastante unida ao judaísmo e a outra totalmente livre.

É certo que o objetivo do autor não era escrever a história da Igreja nascente nem a biografia de São Paulo. Seu objetivo era teológico, catequético. Porém, Lucas não inventou os fatos narrados. Muitos acontecimentos narrados podem ser confirmados pelas Cartas de São Paulo, pela arqueologia e por outros autores. Por exemplo, a inscrição do templo de Delfos encontrada em 1905 confirma a presença do proconsul Galião em Corinto nos anos 50/51. Muitos dados sobre a diáspora judaica são igualmente confirmados por autores como Flávio José ou Filão de Alexandria. Portanto, Lucas baseou sua narração em acontecimentos reais, mas seu objetivo não era descrever os fatos, mas interpretá-los à luz da fé. Ele não foi um historiador, mas um catequista que soube ler os sinais de Deus nos acontecimentos históricos de seu tempo.

SEGUNDA PARTE
AS CARTAS DE PAULO

INTRODUÇÃO GERAL

Dos vinte e sete livros do Novo Testamento, vinte e um recebem o título de cartas, enquanto no Antigo Testamento nenhum livro é indicado com esse título. Dessas vinte e uma cartas, treze são atribuídas ao Apóstolo Paulo. Antigamente se falava de catorze cartas de São Paulo considerando Hebreus como paulina. Atualmente essa atribuição é rejeitada. Portanto, a maior parte dos livros do Novo Testamento é atribuída a São Paulo.

As cartas de Paulo formam um *corpus*, isto é, uma coleção. Ele as escreveu durante sua atividade missionária. Nessa atividade, quando as comunidades cristãs por ele fundadas passavam por alguma dificuldade ou desejavam esclarecer algum aspecto do ensino de Jesus, procuravam informar Paulo, que, se fosse possível, visitava pessoalmente a comunidade, ou enviava um de seus muitos colaboradores, ou como uma outra possibilidade enviava uma carta com os esclarecimentos.

Assim, suas cartas são o prolongamento de sua ação evangelizadora. Portanto, elas não são o produto de uma reflexão teológica desencarnada da realidade. Elas fazem parte de sua ação missionária. Por isso, para uma boa compreensão de cada uma das suas cartas, é imprescindível o conhecimento da vida da comunidade e do fato que está na sua origem.

As treze cartas foram escritas em anos e localidades diferentes. A Carta aos Romanos é a única que São Paulo enviou a uma comunidade que ele não fundou e não conhecia. As outras foram enviadas a comunidades fundadas por ele durante suas viagens missionárias.

1 CRONOLOGIA DAS CARTAS

As cartas de São Paulo são os primeiros escritos do Novo Testamento. Antes que o primeiro Evangelho, o de São Marcos, fosse escrito, as cartas de São Paulo já eram conhecidas em muitas comunidades cristãs. Datar cada uma das cartas não é tarefa fácil. E muitas das cartas são hoje chamadas de "Deuteropaulinas", isto é, teriam sido escritas não por São Paulo, mas por alguns de seus colaboradores. Deixando de lado, por enquanto, essa problemática e considerando todas as Cartas Paulinas, a cronologia das cartas é a seguinte:

- As primeiras cartas são a *Primeira* e a *Segunda Carta aos Tessalonicenses*, escritas na cidade de Corinto no ano 51.
- A *Primeira Carta aos Coríntios*, a *Carta aos Gálatas*, o bilhete a *Filêmon* e provavelmente as *Cartas aos Filipenses* e aos *Colossenses* foram escritas em Éfeso entre os anos 55-57.
- A *Segunda Carta aos Coríntios* foi redigida na Macedônia, provavelmente em Filipos durante o verão do ano 57.
- A *Carta aos Romanos* foi escrita em Corinto no inverno de 57/58.
- A *Carta aos Efésios* foi escrita entre 61 e 63, durante a primeira prisão de São Paulo em Roma, ou mesmo em Cesareia.
- A *Primeira Carta a Timóteo* e a *Carta a Tito* foram datadas pelo ano 66, provavelmente na Macedônia.
- A *Segunda Carta a Timóteo* foi sua última carta, escrita durante a segunda prisão em Roma, já no fim de sua vida, no ano 67.

2

ESQUEMA

Ao escrever suas cartas, Paulo seguiu o esquema das cartas de seu tempo. Graças ao trabalho incansável de arqueólogos e pesquisadores, hoje conhecemos muitas cartas do primeiro século da Era Cristã. Elas seguem um esquema muito parecido. Começam com os nomes de quem enviava e de quem recebia a carta. Logo depois se fazia um agradecimento aos deuses ou a um deus em especial por graças recebidas ou uma breve oração. Vinha, a seguir, o conteúdo da carta que era concluída com saudações especiais. Seguindo esse modo de escrever, normalmente as cartas são divididas em quatro partes:

a. Endereço e saudação

Todas as cartas começam com o nome de Paulo seguido pelos nomes dos colaboradores que estavam com ele no momento da redação.

Segue-se o nome da comunidade destinatária da Carta e se conclui com uma breve saudação típica de Paulo: Graça e paz. Vejamos alguns exemplos da fórmula introdutória:

> *"Paulo, servo de Cristo Jesus [...] a vós que estais em Roma [...] graça e paz da parte de Deus nosso Pai e do Senhor Jesus Cristo" (Rm 1,1-7).*

> *"Paulo, chamado a ser apóstolo [...] e Sóstenes, o irmão, à Igreja de Deus que está em Corinto [...] Graça e paz a vós da parte de Deus nosso Pai e do Senhor Jesus Cristo" (1Cor 1,1-3).*

> *"Paulo apóstolo [...] e todos os irmãos que estão comigo, às Igrejas da Galácia. Graça e paz a vós da parte de Deus nosso Pai e do Senhor Jesus Cristo [...]" (Gl 1,1-5).*

> *"Paulo, Silvano e Timóteo à Igreja de Tessalônica [...] A vós graça e paz" (1Ts 1,1).*

b. Ação de graças

Logo após a saudação inicial, na maioria das cartas, segue uma ação de graças a Deus. Na Segunda Carta aos Coríntios a ação de graças é substituída por uma oração de bênção. Em Gálatas é substituída por uma admoestação. E falta na Primeira Carta a Timóteo e na Carta a Tito. Nem sempre é fácil perceber quando termina a ação de graças e começa o corpo da carta.

c. Mensagem central

Normalmente é formada por duas partes: uma doutrinal e outra exortativa ou moral. O conteúdo da carta é a resposta de Paulo aos problemas da comunidade. Assim, para compreender bem o texto da carta é necessário conhecer a comunidade à qual a carta é dirigida.

O conhecimento da comunidade com seus anseios e dificuldades ajuda na compreensão da resposta de Paulo. O conhecimento do pensamento paulino é sempre fragmentário, pois suas cartas têm objetivo pastoral e não são tratados de teologia.

d. Saudação final

Contém notícias pessoais, exortações individuais, saudações e uma bênção conclusiva.

3
SECRETÁRIOS

São Paulo não escreveu pessoalmente suas cartas, mas serviu-se de secretários ou escribas. Não sabemos quem foram esses secretários, mas conhecemos o nome de um deles: Tércio, que escreveu a Carta aos Romanos,
"Eu, Tércio, que escrevi esta carta, saúdo-vos no Senhor" (Rm 16,22). Talvez Silvano (Silas), um dos primeiros companheiros de Paulo, também fosse um dos redatores de alguma carta. Ele foi o redator da Primeira Carta de São Pedro: *"Por Silvano, irmão fiel, como entendo, vos escrevi em poucas palavras [...]"* (1Pd 5,12). Provavelmente, o único texto escrito totalmente pelo Apóstolo é o bilhete a Filêmon.

Após ler o que fora escrito, fazer as devidas correções e aprovar, o próprio Paulo escrevia a saudação final das cartas:

"Vede com que letras grandes eu vos escrevo, de próprio punho" (Gl 6,11).

"A saudação é do meu próprio punho: Paulo" (1Cor 16,21).

4
CARTAS PERDIDAS

Hoje possuímos treze cartas atribuídas a São Paulo: Romanos, Primeira e Segunda aos Coríntios, Gálatas, Efésios, Filipenses, Colossenses, Primeira e Segunda Tessalonicenses, Primeira e Segunda Timóteo, Tito e Filêmon. Hebreus foi atribuída a Paulo por muito tempo; no entanto, hoje sabemos que não se trata de uma carta, mas de um sermão e não é de São Paulo. Seu autor é desconhecido, embora alguns biblistas o atribuam a Apolo, ou a Barnabé.

Sabemos que algumas cartas de Paulo se perderam. Assim, na Carta aos Colossenses é mencionada uma carta aos Laodicenses que não possuímos: *"Depois que esta carta tiver sido lida entre vós, fazei-a ler também na Igreja de Laodiceia. Lede vós também a que escrevi aos de Laodiceia"* (Cl 4,16). O herege Marcião, no seu cânon dos livros do Novo Testamento, contém a Carta aos Laodicenses, porém, o texto é o da Carta aos Efésios.

Além das duas Cartas aos Coríntios que possuímos, Paulo escreveu outras duas que estão perdidas. Na Primeira Carta aos Coríntios São Paulo menciona uma carta escrita anteriormente: *"Eu vos escrevi em minha carta que não tivésseis relações com impudicos"* (1Cor 5,9). Portanto, houve uma carta anterior à Primeira Coríntios. Uma outra carta, conhecida como "Carta em Lágrimas", foi enviada entre a Primeira e a Segunda Coríntios:

> A finalidade da minha carta era evitar que, ao chegar, eu experimentasse tristeza da parte daqueles que me deveriam proporcionar alegria. Estou convencido, no que vos diz respeito, de que a minha alegria é também a de todos vós. Por isso, foi em grande tribulação e com o coração angustiado que vos escrevi em meio a muitas lágrimas, não para vos entristecer, mas para que conheçais o amor transbordante que tenho para convosco (2Cor 2,3-4).

Essa frase não pode ser aplicada à Primeira Carta aos Coríntios. Ali não há nada que pudesse deixar o apóstolo "com o coração angustiado". Portanto, das quatro Cartas aos Coríntios possuímos apenas duas: a segunda e a quarta carta que chamamos de Primeira e Segunda Carta aos Coríntios. Alguns autores consideram que o texto de 2Cor 10,1–13,10 seria a terceira carta, a chamada "Carta em lágrimas".

5

AUTENTICIDADE

A autenticidade ou paternidade paulina de todas as cartas é atestada pela Tradição da Igreja desde o II século. Porém, no final do século XVIII e início do século XIX, a crítica racionalista negou a autenticidade de algumas cartas. Por isso, hoje é comum falar de Cartas Paulinas ou protopaulinas e Cartas Deuteropaulinas, ou seja, cartas escritas por Paulo e cartas atribuídas a ele. Assim, temos:

- As Cartas consideradas autênticas são: Romanos, Primeira Coríntios, Segunda Coríntios, Gálatas, Filipenses, a Primeira Tessalonicenses e Filêmon.
- As Cartas Deuteropaulinas são: Efésios, Colossenses, Segunda Tessalonicenses, Primeira Timóteo, Segunda Timóteo e a Carta a Tito.

Trata-se de uma questão bastante debatida entre os grandes estudiosos de São Paulo. A Carta aos Colossenses e a Segunda Carta aos Tessalonicenses são consideradas paulinas por uns e negadas por outros. Já a Carta aos Efésios e as chamadas Cartas Pastorais, isto é, as cartas a Timóteo e a carta a Tito são consideradas Deuteropaulinas, ou seja, escritas por discípulos de Paulo após a sua morte.

Os motivos para negar a paternidade paulina são vários e diferentes para cada carta. Para as Pastorais (1Tm; 2Tm e Tt) o principal argumento é a organização das comunidades cristãs retratada no texto que parece ser muito desenvolvida para o tempo do apóstolo. De fato, essas cartas falam de diáconos, presbíteros e epíscopos. Também as notícias pessoais de Paulo não se enquadram na vida do apóstolo segundo o texto dos Atos dos Apóstolos. Quanto à Carta aos Efésios se argumenta sobre a grande diferença na linguagem e no estilo em relação às outras cartas. Também há uma grande semelhança entre a Carta aos Efésios e a Carta aos Colossenses. A impressão que se tem é que Efésios é a ampliação de Colossenses.

Convém ressaltar que a discussão sobre a autenticidade ou paternidade das cartas de Paulo, ou de qualquer outro texto bíblico, não influi na inspiração dos mesmos. Todos os textos contidos na Bíblia são inspirados, mesmo que se discuta sobre seu autor.

6

COLEÇÃO DAS CARTAS

As cartas foram enviadas aos cristãos de comunidades específicas como Corinto, Tessalônica, Filipos, Roma, e outras.

Como essas cartas foram reunidas?

Não sabemos quando, onde e por quem elas foram reunidas formando uma coleção. É certo que o próprio apóstolo pediu que as comunidades próximas trocassem entre si as cartas recebidas (Cl 4,16).

A reunião dessas cartas em uma única coleção foi, certamente, um longo processo. Elas eram lidas nos momentos de reunião dos cristãos e, podemos pensar que foram feitas cópias para outras comunidades. As primeiras coleções devem ter sido feitas nas próprias comunidades cristãs. A Segunda Carta de São Pedro faz referência a um conjunto de cartas de Paulo no final do século I ou início do II (2Pd 3,15-16). Mas não sabemos quantas e quais cartas o autor conhecia.

O Papa São Clemente, pelo ano 95, conhecia as Cartas aos Romanos, a Primeira Carta aos Coríntios, Gálatas, Filipenses e Efésios. Santo Inácio de Antioquia, no início do II século, cita várias cartas de São Paulo. No final do II século, o Cânon de Muratori apresenta a lista completa com as treze cartas de São Paulo, com exceção de Hebreus. Alguns autores levantaram a hipótese de que a coleção das cartas teria sido feita pelo ano 80 aproximadamente, em Éfeso, por obra de Timóteo ou de Onésimo.

7 DIVISÃO DAS CARTAS E ORDEM NO NOVO TESTAMENTO

Com o objetivo de facilitar o estudo, as Cartas de São Paulo foram classificadas em grupos:

- Romanos, Primeira e Segunda Coríntios e Gálatas são chamadas de **Grandes Cartas** por sua importância e extensão.

- Filipenses, Filêmon, Efésios e Colossenses são denominadas **Cartas do Cativeiro** porque foram escritas durante uma prisão de Paulo. Não significa que todas tenham sido escritas na mesma prisão.

- Primeira e Segunda Timóteo e Tito são conhecidas como **Cartas Pastorais** porque são dirigidas aos pastores e não às comunidades.

- Primeira e Segunda Tessalonicenses não recebem nenhuma denominação específica. Mas são os escritos mais antigos do Novo Testamento.

Ordem das Cartas no cânon do Novo Testamento

A ordem atual das Cartas de Paulo no cânon do Novo Testamento é a seguinte:
- Romanos, Primeira Coríntios, Segunda Coríntios, Gálatas, Efésios, Colossenses, Primeira Tessalonicenses, Segunda Tessalonicenses, Primeira Timóteo, Segunda Timóteo, Tito e Filêmon.

Os critérios adotados para colocá-las nessa ordem são:
- As cartas enviadas às comunidades precedem as destinadas às pessoas. Por isso as Cartas endereçadas a Timóteo, Tito e Filêmon ocupam os últimos lugares.

- As cartas com destinação idêntica foram colocadas uma ao lado da outra (1 e 2Cor; 1 e 2Ts; 1 e 2Tm).

- As cartas mais extensas e mais importantes precedem as demais.

INTRODUÇÃO ESPECÍFICA ÀS CARTAS DE SÃO PAULO

II

Nesse nosso estudo vamos seguir a ordem cronológica das cartas de São Paulo.

1
AS CARTAS AOS TESSALONICENSES

1.1 A Cidade de Tessalônica

Tessalônica (hoje Salônica) foi fundada por Cassandro, um dos generais de Alexandre Magno, em 315/314 a.C. que deu à cidade o nome de sua esposa, Tessaloniké, filha de Filipe II da Macedônia e irmã de Alexandre Magno. Tessaloniké nasceu no dia em que seu pai conseguiu uma grande vitória (*niké* em grego) sobre os tessálios, em 353 a.C. A cidade estava situada em um lugar privilegiado e estratégico no Mar Egeu. Foi construída em um vale fértil, protegida por altas montanhas e aberta para o Golfo Termaico. Seu porto era um dos mais movimentados do Mar Egeu. A importante estrada romana, Via Egnatia, cortava a cidade e a unia à Filipos, de um lado, e à região do Épiro, do outro.

No dizer de Estrabão, um importante geógrafo romano do século I d.C., Tessalônica era a "metrópole da Macedônia". E o escritor romano Cicerone, que se exilou ali entre maio e novembro de 58 d.C., disse que "Tessalônica está situada no meio do nosso império" (*Ad Atticum* 3,19). Por sua vez, o poeta Antípatro (50 a.C. – 25 d.C.) a chamou de "Mãe de toda Macedônia".

Em 168 a.C. os romanos derrotaram o Rei Perseu da Macedônia na batalha de Pidna, e transformaram a Macedônia em uma das quatro províncias autônomas da Grécia. E Tessalônica tornou-se a capital da Província Imperial da Macedônia.

Após a batalha de Filipos, em 42 a.C., o Imperador César Augusto deu à Tessalônica o estatuto de "cidade livre". Isto é, a cidade passava a ser administrada por uma assembleia de cidadãos, por um senado e por magistrados eleitos anualmente pelo povo. Tinha suas próprias leis, impostos e administração da justiça.

No tempo de São Paulo, Tessalônica era uma cidade de segunda grandeza no império, pouco menor que Alexandria, no Egito, Antioquia na Síria, Corinto, Éfeso, Cartago ou Lião, na Gália. Sua população era formada por grande número de romanos e gregos e com uma alta percentagem de escravos e libertos que trabalhavam, sobretudo, no porto. Era uma sociedade caracterizada por fortes contrastes sociais. De um lado, os comerciantes e armadores com todos os direitos e, de outro, a grande massa de pobres e escravos.

Havia na cidade uma grande colônia de judeus que possuía sua própria sinagoga.

No campo religioso, em Tessalônica, como em outras partes do Império Romano, havia um grande sincretismo religioso. A deusa protetora da cidade era Niké, a deusa da vitória. Havia também templos dedicados aos principais deuses do panteão grego como Júpiter, pai de todos os deuses, Poseidon, deus do mar, Dionísio ou Baco. Também os deuses egípcios Ísis e Osíris tinham seus veneradores.

O culto do imperador ocupava um lugar importante. Tessalônica se orgulhava do título de "Neókoros", concedido somente às cidades que tinham permissão de construir templos ao imperador romano.

1.2 A comunidade cristã de Tessalônica

Tessalônica foi evangelizada na segunda viagem missionária de São Paulo. Ele partiu com Silas (Silvano) de Antioquia em 49 d.C. (At 15,40). Percorrendo a região da Síria e da Cilícia chegou a Listra, onde o jovem Timóteo juntou-se ao grupo (At 16,1-3). O grupo de missionários, agora formado por Paulo, Silas, Timóteo e, provavelmente Tito, atravessou a Frígia, a Galácia, a Misia e chegou na cidade de Trôade (At 16,6-8). Ali, o médico Lucas juntou-se ao grupo.

Depois de evangelizar Filipos, Paulo e seus companheiros partiram para Tessalônica, percorrendo a Via Egnatia. Lucas ficou em Filipos. A distância entre Filipos e Tessalônica é de aproximadamente 150km percorridos em cinco ou seis dias de viagem. Era o ano 50. A evangelização da cidade está narrada nos Atos dos Apóstolos (17,1-9) e também na Primeira Carta aos Tessalonicenses (1,4-3,13).

Segundo os Atos dos Apóstolos (17,2), Paulo e seus companheiros permaneceram em Tessalônica apenas três semanas. Mas a Carta de Paulo deixa supor um período mais longo, pois ele dedicou-se ao trabalho manual para assegurar sua sobrevivência (1Ts 2,9).

Como era seu costume, Paulo começou pregando na sinagoga por três sábados (At 17,2). Diante da oposição dos judeus, Paulo passou a evangelizar também os gentios, isto é, os não judeus. Do seu trabalho de evangelização surgiu uma comunidade numerosa formada, sobretudo, por pagãos convertidos (1Ts 1,9-10) e com uma certa organização (1Ts 5,12-13).

Essa comunidade cristã era formada em grande parte por pessoas humildes, trabalhadores do porto, artesãos e escravos. Uma pequena parte era de pessoas da classe média e alta. Lucas fala de "damas da sociedade" (At 17,4).

Uma insurreição dos judeus contrários ao anúncio de Jesus Cristo (At 17,5-10), obrigou Paulo e seus companheiros a abandonar a cidade e partir para Bereia (At 17,10). Quando Paulo partiu para Atenas (At 17,15s.), Silas e Timóteo ficaram em Bereia.

Ao chegar em Atenas, Paulo chamou Timóteo e, depois de lhe dar instruções, o enviou para Tessalônica (1Ts 3,1) para sustentar a comunidade. Seu plano era ir pessoalmente, mas algo que desconhecemos atrapalhou seus projetos. Enquanto Timóteo estava em Tessalônica, Paulo deixou Atenas e foi para Corinto. Foi ali que Timóteo o encontrou ao regressar de Tessalônica.

1.3 As Cartas

1.3.1 A Primeira Carta aos Tessalonicenses

A primeira carta foi escrita em Corinto pelo ano 50/51d.C., e é o fruto da descrição da situação da comunidade de Tessalônica, feita por Timóteo. As notícias eram boas. Apesar da oposição dos judeus, os cristãos perseveravam na fé e na caridade. As dificuldades tinham aprofundado a fé da comunidade (1Ts 1,3; 3,6-8).

Entretanto, os cristãos que não tinham entendido bem o anúncio da volta de Cristo (Parusia), se preocupavam com a sorte de seus mortos. O que aconteceria com eles quando Cristo voltasse? (1Ts 4,13). Assim, a carta tem um duplo objetivo:

- Encorajar a fé dos cristãos
- Corrigir os desvios que surgiram na comunidade, sobretudo no que se refere à sorte dos mortos na vinda de Cristo.

É provável que Silvano, que redigiu a Primeira Carta de Pedro (1Pd 5,12), tenha sido também o redator dessa carta.

Estrutura da carta
- Endereço e saudação: (1,1)

"Paulo, Silvano e Timóteo à Igreja dos tessalonicenses, em Deus Pai, e no Senhor Jesus Cristo: graça a vós e paz".

- Ação de graças (1,2-3,13)

    "Não cessamos de dar graças a Deus por todos vós [...]"

    É a mais longa ação de graças das Cartas Paulinas. Paulo agradece a Deus *"as obras da vossa fé, vosso amor esforçado e a firmeza de vossa esperança em nosso Senhor Jesus Cristo"* (1,3).

    Recorda também a sua expulsão de Filipos, a acolhida do Evangelho pelos tessalonicenses, as dificuldades suas e dos cristãos, a viagem de Timóteo, as boas notícias recebidas. E conclui com uma oração para que Deus faça crescer sempre mais o amor e a caridade dos tessalonicenses (3,11-13).

- Corpo da carta (4,1–5,25)

    Paulo passa a discorrer sobre vários temas que, provavelmente, lhe foram relatados por Timóteo:

    - A santidade no amor: 4,1-8.
    - O amor fraterno: 4,9-12.
    - A volta de Jesus Cristo: 4,13–5,11.

    O principal argumento tratado na Primeira Carta aos Tessalonicenses é a volta de Cristo. No entanto, a questão não é a volta de Cristo, mas *"a respeito dos mortos"* (4,13) no momento da Parusia. Paulo explica que também eles participarão da Parusia:

    > os que morreram em Cristo ressuscitarão primeiro. Depois nós, os vivos que estamos ainda na terra, seremos arrebatados juntamente com eles para as nuvens, ao encontro do Senhor nos ares (4,16-17).

    A seguir, Paulo discorre rapidamente sobre o dia e a hora da volta de Cristo usando as mesmas imagens do ladrão e da mulher grávida usadas por Jesus (cf. Mt 24,43).

- Exortações finais: 5,12-25.
- Conclusão e saudação final (5,26-28).

    Saudação final a todos os membros da comunidade; pedido para que a carta seja lida em público e a doxologia final.

1.3.2 A Segunda Carta aos Tessalonicenses
a) A questão da autenticidade

Também essa Segunda Carta aos Tessalonicenses foi atribuída a São Paulo pela Tradição da Igreja desde seus primórdios. Nas listas mais antigas dos livros do Novo Testamento como o Cânon de Marcião, do ano 140 d.C. aproximadamente, e o Cânon de Muratori, do final do século II, esta carta é colocada entre as Cartas Paulinas. Também os primeiros escritores cristãos citaram-na como paulina.

Com o advento da crítica racionalista, os autores apresentaram uma série de argumentos questionando a paternidade paulina de diversas cartas, entre elas a Segunda Carta aos Tessalonicenses. Entre os vários argumentos citados estão: o uso frequente de expressões idênticas ou com pequenas variações da Primeira Carta aos Tessalonicense; a carta não apresenta as expressões de afeto de Paulo com a comunidade; a ausência de qualquer referência às relações com Paulo; a descrição apocalíptica do principal tema: a volta de Cristo (2,1-11).

Segundo esses autores, a carta teria sido escrita por um discípulo de Paulo, no final do século I. Portanto, a Segunda Tessalonicenses é considerada uma Carta Deuteropaulina. Porém, os argumentos apresentados não são decisivos nem para os que defendem a autoria paulina, nem para a hipótese dos autores modernos que afirmam que a carta não é do Apóstolo Paulo. A questão ainda é debatida.

Para os defensores da autoria paulina, a Segunda Carta aos Tessalonicenses foi escrita alguns meses depois da primeira carta.

As palavras de Paulo – *"os vivos que estamos ainda na terra, seremos arrebatados juntamente com eles (os mortos) para as nuvens, ao encontro com o Senhor nos ares"* (1Ts 4,17) – foram entendidas por alguns membros da comunidade no sentido de que Paulo afirmava que estaria vivo no momento da Parusia. Portanto, Cristo voltaria logo. Então, Paulo teria escrito essa segunda carta para desfazer essa interpretação errônea. Para tranquilizar os tessalonicenses, Paulo discorreu sobre os sinais e acontecimentos que precederiam a volta de Cristo.

b) Estrutura

- Saudação (1,1-2)

> Paulo, Silvano e Timóteo à Igreja dos tessalonicenses em Deus, nosso Pai, e no Senhor Jesus Cristo: graça e paz estejam convosco da parte de Deus Pai e pelo Senhor Jesus Cristo: graça e paz estejam convosco da parte de Deus Pai e do Senhor Jesus Cristo.

Chama a atenção a grande semelhança com a introdução da primeira carta (1Ts 1,1).

- Ação de graças (1,3-12)

> Irmãos, é nosso dever dar graças continuamente a Deus [...] (1,3).

O motivo da ação de graças é idêntico ao da primeira carta: a fé e a caridade dos tessalonicenses.

- Corpo da carta (2,1–3,15)
- Parte doutrinal: 2,1-17 – Paulo explica que antes da chegada do Cristo deve vir o anticristo, chamado de *"homem da iniquidade, filho da perdição, adversário" (2,3)*. O anticristo já está agindo no mundo, mas não plenamente, porque algo ou alguém impede sua aparição: *"Porque já está em ação o mistério da iniquidade. Basta que seja tirado aquele que o detém"* (2,7).

Não sabemos a que ou a quem Paulo se referia ao falar dessa retenção da ação do anticristo.

- Parte moral: 3,1-15 – o autor apresenta uma série de recomendações: convite à oração para resistir ao anticristo (3,1-5); convite ao trabalho, pois o Senhor tardará para chegar (3,6-12); a prática do bem (3,13-15).
- Conclusão (3,16-18)
- Saudação final.

c) Mensagem

O tema central das duas cartas é a Parusia, isto é, o retorno de Cristo no final dos tempos. Os primeiros cristãos viviam na esperança de que a volta de Cristo aconteceria em breve. Ele afirmou que voltaria no final dos tempos. Essa volta foi identificada, a princípio, com a destruição de Jerusalém. Depois da destruição da cidade santa no ano 70 d.C., a Parusia foi sempre postergada até chegarmos a perder a dimensão escatológica da nossa fé.

A questão abordada na primeira carta é o que acontecerá com os mortos no momento do retorno de Cristo. Isso inquietava os tessalonicenses. Paulo responde que no momento em que o Senhor aparecer no céu, primeiro os mortos ressuscitarão e, depois, os que estiverem vivos naquele momento serão *"arrebatados com eles nas nuvens para o encontro com o Senhor"* (1Ts 4,17).

A seguir, servindo-se das imagens do ladrão e da mulher grávida, Paulo afirma que o dia da volta do Senhor é totalmente desconhecido. Daí a necessidade de cada cristão viver preparado para este momento.

É provável que a afirmação de Paulo, *"nós os vivos que estivermos lá seremos arrebatados com eles nas nuvens"* (4,17), levou alguns membros da comunidade a pensar que a Parusia aconteceria durante a vida de Paulo.

Na segunda carta (2Ts 2,1-12), Paulo explica que a volta do Senhor não acontecerá logo. Porque

> deve vir primeiro a apostasia e manifestar-se o homem da iniquidade, o filho da perdição, o adversário, aquele que se levantará contra tudo que é divino e sagrado, a ponto de instalar-se no templo de Deus e apresentar-se como se fosse Deus (2,3-4).

O anticristo ainda não se manifestou porque há algo ou alguém que o detém (2,5). Mas o texto não identifica aquele ou aquilo que impede a manifestação do anticristo. O Cristo virá depois e destruirá o anticristo *"com o sopro de sua boca"* (2,8). Esses são os textos importantes no estudo da escatologia paulina.

AS CARTAS AOS CORÍNTIOS

2.1 A cidade de Corinto

A fundação da cidade de Corinto perdeu-se no tempo há uns seis mil anos antes de Cristo. Segundo uma lenda grega, a cidade foi fundada por Corinto, filho de Zeus, com o nome de Êfisa.

No ano 146 a.C. a cidade foi completamente destruída pelo cônsul romano Lucius Mummius porque rivalizava com o porto de Delos do qual os romanos dominavam o Mar Egeu. Um século mais tarde, em 46 a.C. o futuro imperador Júlio César, após a vitória de Farsala sobre seu oponente, o general Pompeu, mandou reconstruir a cidade e lhe deu o nome de "Laus Julia Corinthus".

Os primeiros habitantes foram os soldados das legiões derrotadas na batalha. Logo vieram gregos de outras partes e habitantes de todo o império. Havia na cidade uma grande colônia de judeus que possuíam sua sinagoga onde São Paulo pregou várias vezes.

A cidade ocupava um lugar estratégico, no istmo que une a região da Acaia ao continente, entre dois importantes portos. Ao norte, no golfo de Corinto, estava o porto de Lecaion (Laqueu) que recebia os navios vindos da Itália e da Espanha. E a Oriente, no golfo Sarônico, estava o porto de Crencre (Cencreia) onde aportavam navios vindos do Mar Egeu. Os dois portos eram unidos por uma espécie de estrada para navios, chamado Diolkos com aproximadamente nove quilômetros de extensão. Por ela os pequenos navios eram transportados de um porto a outro. Os dois portos e o sistema de transporte de navios davam uma grande vitalidade e riqueza à cidade. As taxas alfandegárias e o intenso comércio fizeram de Corinto uma cidade rica.

A cidade também era famosa pelo imponente templo de Afrodite Pândemos (de todos os povos). Situado na parte alta da cidade, a mais de 500 metros de altura, na região chamada Acrocorinto, o templo era famoso por suas mil sacerdotisas (hierodulas) ou prostitutas sagradas. Não há acordo entre os historiadores sobre o papel dessas sacerdotisas. Para uns a prostituição sagrada era uma constante, mas para outros essa prática só acontecia em grandes cerimônias. Outros ainda afirmam que na época de Paulo já não havia mais sacerdotisas no templo de Afrodite.

Além do templo de Afrodite havia muitos outros dedicados a diversos deuses. Os mais importantes eram o templo da deusa Fortuna, de Apolo e o de Poseidon (Netuno), deus do mar, que estava situado no istmo entre os dois portos. A cada dois anos eram celebrados em Corinto, desde o século VI a.C., os "jogos ístmicos", em honra de Poseidon. Esses jogos só perdiam em importância para os "jogos olímpicos" celebrados em Olímpia em honra de Zeus (Júpiter), pai de todos os deuses. Nessa ocasião a cidade era visitada por muitas pessoas vindas de todo o Império Romano. Havia ainda, na cidade, o templo dedicado ao imperador e a outros deuses como Esculápio (Serápis), deus da medicina, e os deuses do Egito Ísis e Osíris.

O escritor Cicerone chamou Corinto de "Farol de toda a Grécia". Mas a cidade não gozava de boa reputação por causa da licenciosidade de seus costumes. Platão deu à expressão "moça de Corinto" o sentido de prostituta (República 404D). Outro escritor, Aristófanes, criou o verbo "corintizar" com o significado de fornicar.

No ano 27 a.C. o Imperador César Augusto dividiu o Império Romano em províncias; algumas, imperiais; outras, senatoriais. Corinto tornou-se a capital da Província Senatorial da Acaia. No primeiro século da Era Cristã, a cidade possuía aproximadamente quinhentos mil habitantes que viviam do comércio e do trabalho nos dois portos. Dois terços da população eram escravos.

2.2 A comunidade cristã de Corinto

"Depois disso, Paulo partiu de Atenas e foi para Corinto" (At 18,1). Assim o autor dos Atos dos Apóstolos inicia a narração da evangelização de Corinto.

Paulo não teve sucesso em Atenas, onde o anúncio da morte e ressurreição de Jesus não foi aceito (At 17,32). Então partiu para Corinto. Paulo estava sozinho, pois Timóteo fora enviado para Tessalônica e Silvano estava em Bereia.

Dois acontecimentos nos permitem datar com exatidão a presença de Paulo em Corinto. O primeiro, quando Lucas diz que ao chegar na cidade Paulo foi trabalhar *"com um judeu chamado Áquila, originário do Ponto. Ele acabara de chegar da Itália com Priscila, sua mulher, por causa do decreto de Cláudio que obrigava todos os judeus a saírem de Roma"* (At 18,2).

Ora, segundo o historiador romano Caio Suetônio, no décimo segundo ano de seu governo, o Imperador Cláudio expulsou os judeus de Roma por causa de brigas a respeito de um certo "Chrestos" que uns diziam estar morto e outros afirmavam que estava vivo (Vida de Cláudio 25,4). "Chrestos" é, sem dúvidas, uma grafia errada da palavra grega *Christos*. O décimo segundo ano do Imperador Cláudio corresponde ao ano 49/50 d.C. Áquila e Priscila, que eram judeus, deixaram Roma e foram para Corinto.

O segundo acontecimento ocorreu depois de certo tempo da presença de Paulo em Corinto, em que *"Quando Galião era proconsul da Acaia, todos os judeus levantaram-se unânimes contra Paulo e o levaram ao tribunal [...]"* (At 18,12-17).

O escritor romano Díon Cassio diz que Lúcio Júnio Gálio, conhecido como Galião, irmão do filósofo Sêneca, foi proconsul da Acaia por um ano e meio, entre os anos 51 e 52 d.C. Em 1905 foi encontrada, na cidade de Delfos, uma lápide fragmentada que comprova a presença de Galião em Corinto nesses anos. Portanto, Paulo esteve em Corinto nos anos 51 e 52 d.C.

Áquila e Priscila provavelmente já eram cristãos quando conheceram Paulo e lhe deram trabalho. Paulo era um tecelão e Áquila e Priscila eram ricos comerciantes de tecidos. Lucas, nos Atos dos Apóstolos, diz que Paulo trabalhava durante a semana e pregava aos sábados na sinagoga (At 18,3-4).

Quando Timóteo e Silvano chegaram da Macedônia trazendo ajuda financeira (2Cor 11,9; Fl 4,15-16), Paulo dedicou-se exclusivamente à evangelização da cidade.

Impedido de continuar pregando na sinagoga, Paulo passou a pregar na casa de um senhor chamado Tício Justo que morava ao lado da sinagoga (At 18,7). Logo nasceu uma comunidade de cristãos, na sua maioria gentios convertidos, alguns judeus, todos eram pessoas simples e humildes (1Cor 1,26-29). A casa de Tício Justo foi, portanto, a primeira igreja de Corinto.

Conhecemos os nomes de alguns desses primeiros cristãos: Áquila e Priscila; Crispo, o chefe da sinagoga; Caio e a família de Estéfanes, que Paulo batizou (1Cor 1,14-15); Tício Justo, que acolhia a comunidade em sua casa; Fortunato e Acaico (1Cor 16,17); Sóstenes (1Cor 1,1); Cloé e seus familiares (1Cor 1,11); Erasto, o tesoureiro da cidade; Tércio, um dos secretários de Paulo; Quarto, irmão de Erasto e a diaconisa Febe.

Paulo evangelizou não apenas a cidade de Corinto, mas toda a região da Acaia (2Cor 9,2). Foi em Corinto que Paulo escreveu as Cartas aos Tessalonicenses.

Os judeus acusaram Paulo de ensinar uma religião contrária à lei, e o levaram ao tribunal do Procônsul Galião (At 18,11). De fato, o cristianismo não era uma "religião lícita" que podia ser pregada publicamente. Porém, Galião não aceitou a acusação.

Após um ano e meio de intenso trabalho, Paulo deixou Corinto acompanhado de Áquila e Priscila. Embarcaram no porto de Crencreia em direção de Éfeso, onde Áquila e Priscila desembarcaram; e Paulo continuou sua viagem para Jerusalém e depois para Antioquia da Síria (At 18,18-22).

Algum tempo após a partida de Paulo, Apolo esteve em Corinto. Apolo é apresentado nos Atos dos Apóstolos como *"natural de Alexandria, homem eloquente e bom conhecedor das Escrituras. [...] ensinava com precisão sobre Jesus, embora conhecesse apenas o batismo de João"* (At 18,24-25). Tendo chegado em Corinto, Apolo *"foi, pela graça de Deus, de muito proveito para aos fiéis"* (At 18,27b).

Provavelmente também o Apóstolo Pedro tenha visitado a igreja de Corinto. De fato, na sua primeira carta, Paulo fala de grupos de cristãos na comunidade que diziam *"Eu sou de Paulo"*, *"eu de Apolo"*, *"eu de Cefas"* (1Cor 1,12).

Durante sua terceira viagem missionária, enquanto evangelizava a cidade de Éfeso, Paulo teve conhecimento de alguns problemas morais que afetavam a comunidade. Então escreveu uma primeira carta pedindo que os cristãos não se misturassem com os imorais (1Cor 5,9-13). Essa carta se perdeu, embora alguns autores afirmem que o texto de 2Cor 6,14–7,1 seria parte dela.

Pouco tempo depois, Paulo enviou Timóteo até Corinto. *"Ele vos recordará minhas normas de conduta em Cristo Jesus"* (1Cor 4,17). Não possuímos nenhuma outra informação sobre essa visita de Timóteo.

Um grupo de cristãos de Corinto, formado por Fortunato, Acaico e Estéfanes (1Cor 16,17), foi até Éfeso levando uma carta da comunidade na qual se pedia esclarecimentos sobre vários assuntos. Na mesma época, Paulo recebeu informações pelos membros da "casa de Cloé" sobre divisões entre os cristãos (1Cor 1,11). Baseado nas informações que lhe chegaram e respondendo aos questionamentos da comunidade, Paulo escreveu uma segunda carta aos Coríntios. Essa carta é a nossa atual **Primeira Carta aos Coríntios**. Provavelmente a própria delegação da comunidade levou a carta.

Sempre de Éfeso, Paulo enviou Tito para Corinto para preparar uma coleta de fundos para a igreja de Jerusalém. Ele mesmo planejava ir a Corinto, depois da festa de Pentecostes, passando pela Macedônia (1Cor 16,1-8). Porém, a chegada de novos pregadores, provavelmente judeus convertidos ao cristianismo, mudou a situação da igreja de Corinto. É bem possível que se trate dos chamados "judaizantes" que também agiram nas igrejas da Galácia. Então, Paulo mudou seus planos e decidiu ir de Éfeso diretamente para Corinto e de lá ir para a Macedônia (2Cor 1,15-16). O que aconteceu em Corinto deixou Paulo muito contristado. Sua autoridade de apóstolo e sua pregação foram contestadas pelos novos pregadores.

Em vez de ir à Macedônia como planejara, Paulo retornou para Éfeso. E ali escreveu uma terceira carta aos Coríntios conhecida como "carta em lágrimas"

(2Cor 2,4). Tito retornou para Corinto levando a carta. Para alguns autores essa carta está contida em 2Cor 10-13. Para outros, a carta está perdida.

Enquanto isso, a revolta dos ourives de Éfeso (At 19,23-41) obrigou Paulo a partir para a Macedônia. Ao retornar de Corinto, Tito se encontrou com Paulo em algum lugar da Macedônia e lhe deu boas notícias. Os cristãos de Corinto tinham se posicionado a favor de Paulo e contra os judaizantes. Reconfortado Paulo escreveu sua <u>quarta carta aos Coríntios</u> que nós conhecemos como **Segunda Carta aos Coríntios**. Provavelmente Tito retornou a Corinto levando a carta e preparou a chegada de Paulo. Este chegou na cidade no inverno do ano 57/58 d.C. e permaneceu ali por três meses (At 20,6). Durante essa estadia em Corinto, Paulo escreveu a Carta aos Romanos.

Quando planejava sua viagem para Jerusalém, Paulo tomou conhecimento de que os judeus lhe armavam uma cilada. Preferiu, então, ir para a Macedônia e de lá continuar sua viagem para Jerusalém, levando a coleta feita em Corinto e nas outras comunidades da Acaia (At 20,3). Paulo partiu de Corinto acompanhado de vários de seus colaboradores: *"Sópatros de Bereia, filho de Pirro; os tessalonicenses Aristarco e Segundo, Gaio de Derbe; Timóteo, Tíquico e Trófimo, da Ásia"* (At 20,4).

2.3 As Cartas

2.3.1 A Primeira Carta aos Coríntios

A carta foi escrita durante a permanência de Paulo em Éfeso entre os anos 55-57 d.C. Os acontecimentos ocorridos entre a Primeira e a Segunda Carta, como anteriormente relatado, nos permite supor que essa carta foi escrita na primavera do ano 56 d.C. É a resposta de Paulo ao pedido de esclarecimentos que lhe foi apresentado pelos representantes da comunidade, Fortunato, Acaico e Estéfanes (1Cor 7,1) e também sobre os problemas que lhe foram referidos pelos membros "da casa de Cloé" (1,1).

Os comentários de Paulo sobre as desordens da comunidade relatadas pelos membros "da casa de Cloé" ocupam os capítulos 1 a 6. E as respostas aos vários questionamentos trazidos pelos representantes da comunidade estão nos capítulos 7 a 15.

a) Estrutura da carta

- Endereço e saudação (1,1-3)

    > Paulo, chamado a ser apóstolo de Jesus Cristo por vontade de Deus, e o irmão Sóstenes, à igreja de Deus em Corinto [...] a graça e a paz da parte de Deus nosso Pai e do Senhor Jesus Cristo.

Provavelmente Sóstenes foi o redator da carta. Não é possível identificá-lo, embora alguns dizem que se trata do chefe da sinagoga de Corinto que foi espancado diante do tribunal de Galião (At 18,17).

- Ação de graças (1,4-9)

> Dou graças continuamente por vós a Deus [...].

Paulo agradece a ação de Deus na vida da comunidade.

- Corpo da carta (1,10–15,58)

Primeira parte (1,10–6,20) – *"Exorto-vos irmãos, [...]"* Paulo procura corrigir as desordens da comunidade.

- 1,10–4,21: O primeiro assunto a ser tratado são as divisões entre os cristãos. Na raiz dessas divisões está a valorização dos pregadores. Paulo afirma a comunhão dos cristãos com Jesus Cristo. Dividir a comunidade significaria dividir o próprio Cristo. Os pregadores, aos quais os fiéis se apegam, são apenas instrumentos de Deus para o crescimento da Igreja.
- 5,1-13: A seguir, Paulo escreve sobre o caso de um incestuoso que participa da comunidade: *"um dentre vós vive com a mulher de seu pai" (5,1)*. Provavelmente se trata de sua madrasta. O responsável deve ser excluído da comunidade.
- 6,1-11: Outro assunto aborda o processo dos cristãos nos tribunais pagãos. Para Paulo, em primeiro lugar não deveria haver brigas entre os cristãos. Mas, é um escândalo maior ainda quando os cristãos recorrem aos tribunais pagãos para julgar as desavenças.
- 6,12-20: O último assunto se refere à fornicação. Partindo do princípio: *"Tudo me é lícito, mas nem tudo me convém"*, Paulo chama a atenção dos cristãos para determinados comportamentos. O comportamento licencioso dos coríntios não condiz com a vida cristã.

Segunda parte (7,1–15,58) *"Agora vou tratar do que me escrevestes"*.

- 7,1-40: O primeiro assunto versa sobre o matrimônio e a virgindade. A vida cristã não está condicionada a nenhum estado social. Tanto os casados como os solteiros podem viver intensamente sua fé, sua espiritualidade. O texto é importante por causa do chamado "privilégio paulino" (7,12-16). Se alguém casado antes de sua conversão viesse a se separar por causa de sua fé, o vínculo do matrimônio estaria dissolvido e a pessoa poderia contrair novas núpcias.

- 8,1–11,1: A questão das carnes oferecidas aos ídolos.
  A maior parte da carne oferecida nos mercados de Corinto vinha dos animais oferecidos aos ídolos nos templos. Paulo afronta o problema com base no princípio da caridade. Os cristãos sabem que os ídolos não existem, mas a lei da caridade os obriga a não comer por causa de irmãos fracos na fé. Comer as carnes imoladas aos ídolos poderia ser causa de escândalo para muitos.
- 11,2–14,40: A celebração da Fração do Pão:
  - 11,2-16: as mulheres devem ou não usar o véu nas celebrações?
  - 11,17-34: a Ceia do Senhor: o texto apresenta o mais antigo relato da consagração do pão e do vinho.
  - 12-14: natureza e uso dos carismas: àqueles que buscavam os carismas mais extraordinários, Paulo afirma que eles foram dados para a edificação de todos. E, para ilustrar, serve-se da imagem do corpo humano onde os membros são diferentes, mas formam uma unidade.
- 15,1-58: a ressurreição dos mortos.
  O texto apresenta o mais antigo querigma: o anúncio da morte e ressurreição de Jesus. Cristo morreu por nossos pecados e sua ressurreição é a causa da nossa.
- Conclusão (16,1-24): Concluindo a carta, Paulo recomenda a coleta em prol dos pobres da comunidade de Jerusalém (16,1-4); apresenta seus planos de viagem a Corinto e termina com uma saudação.

b) Mensagem

A Primeira Carta aos Coríntios é uma bela radiografia de uma comunidade cristã chamada a viver em uma grande cidade da época. Uma cidade rica, com um grande comércio e, sobretudo, com má fama por causa da libertinagem.

Ao tratar vários temas, a carta nos permite conhecer a vida dessa comunidade, com suas divisões internas, onde cada cristão se sentia unido a um determinado pregador como acontecia com os discípulos dos filósofos. Mais do que divisões fúteis, Paulo mostra que a fé cristã estava ameaçada. Jesus Cristo não é um filósofo, mas o Filho de Deus. O cristianismo não é uma filosofia, mas a união do cristão com a pessoa de Cristo. Foi Jesus Cristo quem salvou a todos e não os vários pregadores do Evangelho.

Havia também graves abusos de ordem sexual (5,1-13; 6,12-20) que mostram que muitos cristãos continuavam com suas práticas pagãs, como o incesto a fornicação. Havia, também, desordem nas reuniões litúrgicas onde a Ceia eucarística ainda era celebrada durante uma ceia comum. São Paulo diz que enquanto uns se empanturravam, outros ficavam sem comer.

Uma questão crucial era a busca por carismas extraordinários que possibilitavam o orgulho de quem os possuíam. Por fim, a incompreensão da ressurreição de Cristo e da ressurreição dos fiéis no fim dos tempos. A ressurreição de Cristo é a causa da nossa ressurreição.

Apesar da grande diversidade de temas abordados, a carta possui uma grande unidade. Todos os problemas da comunidade são vistos por Paulo sob uma única luz: a *koinonia*, isto é, a comunhão de todos no Cristo. Os cristãos estão todos unidos a Cristo e, por isso, são membros uns dos outros. Apesar das diferenças aparentes, todos formam o único Corpo Místico de Cristo.

Alguns textos da carta merecem destaque: a narração da instituição da Eucaristia (11,23-27), que é anterior à narração do primeiro Evangelho, escrito por Marcos. Também a primeira e mais completa lista das aparições de Jesus ressuscitado (15,3-8). E, sem dúvidas, a "joia da coroa", o hino ao amor (13,1-13).

2.3.2 A Segunda Carta aos Coríntios

Essa segunda carta deve ser entendida no contexto do conturbado relacionamento de Paulo com a comunidade de Corinto. Foi escrita no verão do ano 57 d.C. em algum lugar da Macedônia, provavelmente em Filipos. Tito, que fora enviado a Corinto, ao retornar trouxe boas notícias da comunidade. Os cristãos tinham se posicionado ao lado de Paulo rechaçando os novos pregadores que contestaram sua pessoa e sua pregação. Então, Paulo escreveu essa carta que é uma verdadeira apologia de seu ministério.

a) A questão da unidade da carta

> A segunda Carta aos Coríntios é uma única carta ou é a união de várias cartas de Paulo?

Muitos autores consideram o texto atual como sendo a reunião de diversas cartas de Paulo. Essa união de cartas teria sido feita por um de seus discípulos ou por alguém da comunidade de Corinto após a sua morte. As cartas seriam as seguintes:
- 2Cor 1,12–7,16 seria a quarta carta enviada à Corinto, escrita após o retorno de Tito. Porém, dentro dessa carta, os textos 6,14 a 7,1, segundo alguns

autores, pertenceriam à primeira carta de Paulo aos coríntios citada em 1Cor 5,9-13.

- 2Cor 10,1–13,10 seria a terceira carta de Paulo aos coríntios, a chamada "Carta em lágrimas" citada em 2Cor 2,4.

- 2Cor 8 e 9 são dois bilhetes enviados à Corinto e às igrejas da Acaia sobre a coleta de fundos para os cristãos pobres de Jerusalém.

Outros autores afirmam que essa hipótese de várias cartas unidas em uma só é muito fantasiosa. A carta forma uma unidade. A diferença de tom, ora conciliador ora polêmico, se deve aos vários momentos em que a carta foi redigida.

b) Estrutura da carta

- Endereço e saudação (1,1-2)

> Paulo, apóstolo de Jesus Cristo pela vontade de Deus e o irmão Timóteo, à igreja de Deus que está em Corinto e a todos os santos da Acaia: a graça e a paz da parte de Deus, nosso Pai, e do Senhor Jesus Cristo estejam convosco.

A carta é endereçada não apenas aos cristãos da cidade de Corinto, mas também aos que habitavam toda a região da Acaia.

- Oração de bênção sobre a comunidade (1,3-11)

> Bendito seja Deus e Pai de nosso Senhor Jesus Cristo [...].

Ao contrário das outras cartas, aqui não encontramos a ação de graças, mas uma oração de Paulo sobre a comunidade.

- Corpo da carta (1,12–13,10)
  - 1,12–7,16 – Apaziguados os ânimos entre Paulo e os cristãos de Corinto, o Apóstolo envia essa carta de reconciliação, onde defende sua mensagem do Evangelho.
  - 8 e 9 – São dois bilhetes sobre a coleta para os pobres de Jerusalém que será feita em Corinto e nas comunidades da Acaia.
  - 10,1–13,10 – O tom desses capítulos é bastante polêmico. Paulo afronta seus opositores e afirma que seu apostolado está centrado na pessoa de Cristo.

- Conclusão (13,11-13).

- Recomendações finais e saudação.

c) Quem eram os adversários de Paulo?

É muito difícil identificar esses adversários. Tudo o que sabemos sobre eles provém da própria carta. Paulo os chama de *"superapóstolos" (11,5), "falsos apóstolos, operários desonestos que se disfarçam em apóstolos de Cristo" (11,13)*.

Trata-se de uma única pessoa ou de um grupo? Em alguns textos Paulo parece referir-se a uma pessoa, outras vezes a um grupo. Certamente esses adversários não podem ser identificados com os grupos mencionados em 1Cor 1,12s., onde se nota a preferência dos fiéis por um ou outro pregador.

Normalmente os adversários de Paulo são identificados com os judaizantes como aparece em 2Cor 11,22: *"São hebreus? Também eu sou. São israelitas? Também eu sou. São da descendência de Abraão? Também eu"*.

Judaizantes é o nome dado ao grupo de judeus convertidos ao cristianismo. Provavelmente eram fariseus, levitas e sacerdotes convertidos. Eles defendiam a tese de que os cristãos não judeus deviam converter-se ao judaísmo antes de serem batizados. Jesus e os apóstolos eram judeus, observaram a Lei Mosaica e por essa razão todos os cristãos deveriam fazer a mesma coisa. Paulo, ao contrário, defendia uma ruptura total com o judaísmo. Por isso, os judaizantes contestavam sua autoridade e sua pregação, visto que ele não foi um dos Doze Apóstolos de Jesus.

d) Mensagem

Essa carta é, sem dúvida, a mais apaixonada apologia que Paulo fez de seu ministério. É uma bela reflexão sobre o ministério da pregação.

Depois de ter sido afrontado por seus adversários em Corinto, de ser acusado de fraqueza e oportunismo, Paulo mostra que sua atividade apostólica não está baseada em milagres extraordinários, mas na união com Cristo. O que atesta a favor de sua ação é a força do Cristo que se manifesta na fraqueza (2Cor 12,9-10). Nessa carta Paulo manifesta todo o seu amor por Jesus Cristo e por isso não recua diante dos obstáculos e das incompreensões.

3

A CARTA AOS GÁLATAS

Assim como a Carta aos Romanos e as duas Cartas aos Coríntios, também a Carta aos Gálatas é considerada uma das "Grandes Cartas de São Paulo". É uma carta importante, não por sua extensão, mas por seu conteúdo. Nela, de modo apaixonante, Paulo desenvolve o tema da "Justificação pela fé".

3.1 Os destinatários

A carta é endereçada "às igrejas da Galácia". Portanto, a várias comunidades cristãs espalhadas pela Galácia.

> *Quem são exatamente os gálatas aos quais São Paulo se dirige?*

Gálata é o termo grego para indicar os gauleses, habitantes da Gália. A Galácia, na época, podia indicar duas regiões:

- A Galácia propriamente dita, ou seja, a região central da Ásia Menor, na atual Turquia. No século III a.C. algumas tribos emigraram da Gália (atual França) e se estabeleceram nessa região. Suas principais cidades eram Ancyra (atual Ancara, capital da Turquia), Tavium e Pessinunte.

- Galácia podia indicar também a Província Romana da Galácia criada em 25 a.C. depois da morte de Amintas, último rei gálata. A Província Romana da Galácia compreendia, além do território gálata, a região da Psídia, da Frígia, parte da Licaônia e da Panfília, a Isauria, a Paflagônia e a Cilícia.

> *A qual das duas denominações geográficas pertenciam os gálatas, destinatários da carta?*

Se entendemos por gálatas os habitantes da Província Romana da Galácia, podemos dizer que a carta foi endereçada às comunidades cristãs de Antioquia da Psídia, de Icônio, Derbe e Listra evangelizadas por Paulo e Barnabé na primeira viagem missionária (cf. At 13–14). Paulo, acompanhado de Silas/Silvano, visitou essas comunidades outra vez, no início de sua segunda viagem missionária.

De outro lado, podemos dizer que os destinatários da carta eram os descendentes das tribos gaulesas que se instalaram na região central da Ásia Menor. São Paulo, com Silas e Timóteo, evangelizou essa região durante sua segunda viagem missionária. Lucas descreve, de modo breve, a evangelização dessa região: *"atravessaram a Frígia e a província (região) da Galácia"* (At 16,6). Ao citar a Frígia ao lado da Galácia, Lucas entende, sem dúvidas, a Galácia propriamente dita e não a Província Romana, pois a Frígia também pertencia a essa mesma Província. Por causa da brevidade da narração de Lucas, não conhecemos o nome de nenhuma cidade gálata evangelizada por Paulo. Eram várias comunidades, pois a carta é endereçada "às igrejas da Galácia". Também na Primeira Carta aos Coríntios, Paulo lembra as normas estabelecidas para a coleta nas igrejas da Galácia (1Cor 16,1).

Alguns autores defendem a teoria da "Galácia do Sul", isto é, os destinatários da carta são os cristãos que habitavam a Província Romana da Galácia. Outros autores, ao contrário, defendem a teoria da "Galácia do Norte", ou seja, os destinatários são os verdadeiros gálatas. Existem argumentos a favor de uma e da outra teoria. A questão continua aberta, embora a maioria dos biblistas optem pela Galácia propriamente dita.

3.2 A carta

3.2.1 Ocasião

O que motivou Paulo a escrever essa pequena, mas importante carta?

Tendo como base o relato de Lucas nos Atos dos Apóstolos, na sua segunda viagem missionária, Paulo partiu de Antioquia acompanhado de Silas, também chamado de Silvano. Depois de passar por Derbe e Listra, onde convidou o jovem Timóteo para acompanhá-lo, Paulo tomou o caminho que levava para a Ásia, isto é, para Éfeso. Mas Lucas nos informa que *"o Espírito Santo os havia impedido de anunciar a palavra na Ásia"* (At 16,6). Tomaram, então, a direção norte e, atravessando a Frígia, chegaram ao "território gálata".

Na Carta aos Gálatas, Paulo diz: *"que estava doente quando vos anunciei o Evangelho pela primeira vez"* (Gl 4,13). Apesar disso ele foi muito bem recebido (Gl 4,14). O trabalho de evangelização de Paulo e de seus companheiros foi acompanhado de muitos milagres e produziu bons frutos. Muitos gálatas se converteram e nasceram várias comunidades cristãs.

Não sabemos quanto tempo Paulo e seus companheiros permaneceram na região. Partindo dali sua intenção era ir em direção da Bitínia *"mas o Espírito de Jesus não o permitiu"* (At 16,7). Rumaram, então, para Trôade.

Na sua terceira viagem missionária, Paulo passou outra vez pelo território gálata (At 18,23). O texto da carta deixa entender que, após essa última visita de Paulo, as comunidades cristãs dessa região foram visitadas por outros pregadores do Evangelho. Eram judeus, provavelmente fariseus e sacerdotes convertidos ao cristianismo. Pregavam um "evangelho diferente" baseado na necessidade da observância da Lei Mosaica como condição para a salvação. Sem negar que a salvação vinha por meio de Cristo, eles insistiam na necessidade da circuncisão e da observância da Lei Mosaica.

Esse grupo de judeus cristãos receberam o apelido de "judaizantes", como já dito anteriormente, porque afirmavam que antes de receber o batismo era necessário ser circuncidado; antes de seguir Jesus Cristo era preciso observar a Lei de Moisés que o próprio Jesus e os apóstolos observaram; antes de ser cristão era preciso ser judeu. Para impor suas ideias, os judaizantes desacreditavam a pessoa de Paulo. Questionavam sua autoridade afirmando que ele não era um verdadeiro apóstolo e não possuía autorização de nenhum deles.

Não sabemos como Paulo chegou ao conhecimento da situação das igrejas da Galácia. Sem dúvidas ele foi muito bem informado sobre o que acontecia na Galácia. A carta reflete sua indignação seja por seus adversários como pelos cristãos que aderiram às novas ideias. Não era apenas sua obra que estava em xeque, mas a própria essência do cristianismo. Se a salvação trazida por Cristo dependia da observância da Lei de Moisés, então Cristo teria morrido em vão.

3.2.2 Local e data de redação da carta

Não é fácil determinar o local e a data de composição dessa carta. Alguns autores, crendo que a carta seja endereçada às comunidades da Província Romana da Galácia, isto é, Antioquia da Psídia, Icônio, Listra e Derbe, preferem datar a carta pelo ano 49 d.C. na cidade de Antioquia.

Porém, a carta foi escrita depois da Assembleia de Jerusalém, pois essa reunião é mencionada em Gl 2,1-10. A carta deve ter sido escrita em Éfeso, entre os anos 54–57, período em que Paulo permaneceu nessa cidade durante sua terceira viagem missionária.

Há ainda outros autores que situam a redação da carta no ano 57 d.C. na cidade de Corinto. A razão é a grande semelhança com a Carta aos Romanos que foi escrita nessa cidade no inverno do ano 58 d.C.

3.2.3 Estrutura da Carta

- Endereço e saudação (1,1-5)

> Paulo, apóstolo não da parte de homens nem por intermédio de um homem, mas por Jesus Cristo e Deus Pai que o ressuscitou dos mortos, e todos os irmãos que estão comigo, às igrejas da Galácia: A graça e a paz estejam convosco da parte de Deus Pai e de nosso Senhor Jesus Cristo [...].

Na saudação Paulo já expõe os dois grandes temas da sua carta: a defesa de seu apostolado: *"apóstolo não da parte de homens nem por intermédio de um homem, mas por Jesus Cristo e Deus Pai [...]"* (1,1-2) e a salvação em Jesus Cristo *"que se entregou a si mesmo por nossos pecados"* (1,3-4).

- Admoestação (1,6-10)

> Eu me admiro que passastes tão depressa daquele que vos chamou à graça de Cristo para outro evangelho.

Ao contrário das cartas precedentes, essa não apresenta uma ação de graças. No seu lugar, Paulo faz uma admoestação aos cristãos da Galácia.

- Corpo da carta (1,11–6,10)
  - 1,11–2,21: Parte apologética: Paulo defende seu apostolado.
  - 3,1–4,31: Parte doutrinal: Somos salvos pela fé em Jesus Cristo e não pela observância da Lei de Moisés.
  - 5,1–6,10: Parte moral: A liberdade cristã e a prática da caridade.
- Conclusão (6,11-18): últimas recomendações e saudação final.

3.2.4 Mensagem

Ao contrário da Primeira Carta aos Coríntios, onde Paulo aborda vários temas, aqui é tratado apenas o tema da Justificação.

O que se entende por Justificação?

É a passagem do estado de pecador para o estado de justiça diante de Deus. Em outras palavras, a justificação é a ação de Deus que reconhece nossa integridade, nossa santidade. Nós nos tornamos filhos de Deus e herdeiros das promessas feitas à Abraão e à sua descendência.

Tanto Paulo como os judaizantes concordavam com a necessidade da justificação. Isto é, qualquer pessoa deve ser considerada justa diante de Deus. Porém, discordavam quanto aos meios para se adquirir esse estado de justiça. Para os judaizantes, o que torna uma pessoa justa diante de Deus é a circuncisão e a observância da Lei Mosaica.

Ora, a Lei foi dada aos judeus e não aos gentios, isto é, aos não judeus. Por isso, para ser justo diante de Deus, um gentio deveria tornar-se judeu e passar a observar a Lei, sobretudo deveria ser circuncidado. A circuncisão o tornaria filho de Abraão, membro do povo escolhido por Deus e, portanto, herdeiro das promessas divinas.

Para Paulo, uma pessoa se torna justa diante de Deus pela fé em Jesus Cristo e não pela observância externa da Lei. A fé é entendida como adesão à pessoa de Jesus Cristo e não como aceitação de um conjunto de doutrina. Essa adesão incondicional a Cristo se realiza no batismo, quando a pessoa, não importa se judeu ou não judeu, se escravo ou livre, se homem ou mulher, deixa de ser pecador e se torna justo diante de Deus. Filhos de Abraão não são os que foram circuncidados, mas os que, como o patriarca, acreditaram em Deus. Portanto, Paulo pregava a necessidade da fé para a justificação e não a observância fria da Lei.

Então a Lei Mosaica não tinha nenhuma importância?

Sim, a Lei foi importante enquanto éramos de menoridade, isto é, antes de nossa adesão ao Filho de Deus. A Lei foi um pedagogo que conduziu as pessoas antes da chegada de Cristo. Também, graças à Lei, nossas transgressões se tornaram patentes. Pois, onde não há lei não há transgressão.

A Lei fez com que as pessoas almejassem uma libertação do pecado. Assim, a Lei era uma instituição provisória, um regime de escravidão, pois a pessoa era obrigada a observar todos os preceitos contidos na Lei para ser considerada justa.

Com a chegada de Cristo e nossa incorporação a Ele pela fé, a Lei perdeu sua importância e utilidade. Pela incorporação a Cristo nos tornamos filhos de Deus.

Os gentios não precisam se tornar judeus para a justificação. Mas devem despojar-se da gentilidade, do paganismo para serem incorporados a Cristo. Ninguém se torna justo perante Deus por seus próprios méritos, com seu esforço pessoal, com a observância de uma lei exterior. Mas a adesão a Cristo pela fé nos torna justos perante Deus. As obras meritórias são as que brotam da fé em Jesus Cristo.

4

A CARTA AOS FILIPENSES

4.1 A cidade de Filipos

Por volta de 359 a.C. um grupo de colonos de Tasos, uma pequena ilha do Mar Egeo, fundou, no continente, uma vila chamada "Crenides", ou cidade das fontes por causa das várias fontes de água que havia no local.

Sentindo-se ameaçados por seus vizinhos, os habitantes da Trácia, os moradores de Crenides pediram auxílio ao rei da Macedônia, Filipe II. Em 356 a.C. Filipe II fortificou a cidade e lhe deu o nome de Filipos em honra de seu pai, Felipe I.

Filipos ocupava um lugar estratégico sobre uma colina, ao longo da Via Egnatia, importante estrada romana que passava também por Tessalônica e chegava até o Mar Adriático. O porto de Neápolis (hoje Kavala) estava a poucos quilômetros de distância. As montanhas próximas continham jazidas de ouro. Tudo isso contribuiu para o crescimento e enriquecimento da cidade.

Filipos foi conquistada pelos romanos em 168 a.C. Em 42 a.C. na planície a oeste da cidade, as legiões romanas lideradas por Marco Antônio e Otávio (futuro imperador César Augusto) derrotaram os republicanos Marco Júnio Brutus e Caio Cássio Longuino, assassinos do Imperador Júlio César. Muitos soldados que participaram da batalha se estabeleceram em Filipos.

Nove anos mais tarde, em setembro de 31 a.C. na batalha de Actium, Otávio derrotou a frota de navio de Marco Antônio e Cleópatra que se suicidaram logo depois no Egito. Otávio tornou-se imperador romano com o nome de César Augusto.

Para agradecer seus soldados, César Augusto doou-lhe terras perto de Filipos que se tornou, então, uma colônia de veteranos legionários romanos. A cidade passou a ser chamada de "Colônia Augusta Júlia Philippensium" e recebeu muitos privilégios, como a isenção dos tributos ao imperador, possibilidade de escolher seus próprios governantes e possuía o chamado "Jus italicum" que dava a seus habitantes os mesmos direitos dos habitantes de Roma e os tornava cidadãos romanos. Por isso Filipos era considerada uma "pequena Roma". Sua população era formada por grande parte de soldados romanos, por pessoas vindas da Trácia, da Macedônia e de outras partes do império.

No primeiro século da era cristã, Filipos estava em declínio por causa do esgotamento das minas de ouro e porque o porto de Tessalônica se tornara mais movimentado do que o porto de Neápolis.

4.2 A comunidade cristã de Filipos

São Paulo, acompanhado de Timóteo, Silas, Lucas e, provavelmente de Tito, chegou em Filipos no final do ano 49 d.C.

Depois de evangelizar a região da Galácia, Paulo e seus companheiros *"queriam dirigir-se para a Bitínia, mas o Espírito de Jesus não o permitiu"* (At 16,7). Foram, então, para Trôade, onde Paulo conheceu Lucas, o futuro evangelista, que se juntou ao grupo dos missionários.

Enquanto estava em Trôade *"De noite Paulo teve uma visão. Um homem da Macedônia se apresentou diante dele e pediu: "Passa para a Macedônia e vem ajudar-nos". Depois dessa visão, procuramos partir logo para a Macedônia, convencidos de que Deus nos chamava para anunciar a Boa-nova"* (At 16, 9-10). Assim, Lucas atribui a Deus a iniciativa de evangelizar a Europa. É uma etapa importante na difusão do Evangelho, que passa da Ásia para a Europa.

Paulo e seus amigos embarcaram no porto de Trôade e desembarcaram em Neápolis. *"Dali nos dirigimos para Filipos, que é a principal cidade desta parte da Macedônia, e colônia romana"* (At 16,12). Portanto, Filipos foi a primeira cidade da Europa a ser evangelizada.

Como sempre fazia, Paulo procurou entrar em contado com os judeus da cidade. A colônia judia era muito pequena e nem sequer possuía uma sinagoga, por isso se reuniam perto de um rio, fora da cidade. Lucas descreve brevemente, nos Atos dos Apóstolos, os inícios da comunidade cristã de Filipos (At 16,13s.).

Lídia, uma comerciante de púrpura, da cidade de Tiatira, na Ásia, foi a primeira cristã da Europa que conhecemos o nome. Sua casa se tornou a primeira igreja de Filipos, e ela deve ter desempenhado um papel importante na comunidade.

Provavelmente a grande maioria dos cristãos de Filipos era gentios convertidos. Os judeus deviam ser a minoria.

O trabalho de Paulo foi interrompido por sua prisão. Ele havia expulsado de uma jovem escrava um "espírito de Píton", isto é, de adivinhações. Sentindo-se lesados, os patrões da jovem acusaram-no. Paulo e Silas foram açoitados e colocados na prisão sem nenhum julgamento. À noite, um terremoto abriu as portas da prisão, mas

Paulo e Silas não fugiram. Ao amanhecer, os oficiais descobriram que haviam flagelado e aprisionado um cidadão romano. Paulo exigiu desculpas públicas da parte deles (At 16,16-39). Depois desse acontecimento, Paulo, Silas e Timóteo deixaram Filipos e foram para Tessalônica. Lucas, porém, ficou na cidade.

Não sabemos quanto tempo Paulo permaneceu em Filipos. Porém, ao partir, deixou uma comunidade dinâmica que ele chamou de *"minha alegria e minha casa"* (Fl 4,1). Por sua vez, os cristãos filipenses sempre estiveram unidos ao seu apóstolo, procurando suprir suas necessidades. Paulo não aceitava ajuda financeira de nenhuma das comunidades que fundava, com exceção de Filipos. Os filipenses enviaram-lhe auxílio quando esteve em Tessalônica (Fl 4,1), em Corinto (2Cor 11,9) e na sua prisão em Éfeso (Fl 4,18).

Segundo os Atos dos Apóstolos, Paulo esteve outras duas vezes em Filipos: em 58 d.C. quando se dirigia para Corinto e depois quando retornou no mesmo ano (At 20,5s.). Provavelmente a Segunda Carta aos Coríntios foi escrita em Filipos.

4.3 A carta aos Filipenses

É chamada "Carta da alegria" porque não foi escrita para solucionar problemas nem para responder a questionamentos da comunidade. Trata-se de uma carta de amigos. Paulo simplesmente informa seus amigos, os cristãos de Filipos sobre os últimos fatos ocorridos em sua vida e os exorta a permanecer na alegria de Jesus Cristo.

Junto com as cartas aos Efésios, aos Colossenses e a Filêmon, Filipenses é considerada uma das "Cartas do Cativeiro". Em todas essas cartas Paulo se apresenta como prisioneiro (cf. Fl 1,7.12-17; Ef 3,1; 4,1; Cl 4,3.10.18; Fm 1.9.10.13.23.

Segundo os Atos dos Apóstolos, Paulo ficou preso em Jerusalém e em Cesareia por dois anos, entre os anos 58 e 60 d.C. (cf. At 21,33–26,42). Em seguida foi levado para Roma, onde esteve preso por mais dois anos, entre 61–63 d.C. (cf. At 28,16.30).

A Tradição da Igreja, baseada na menção dos "guardas do palácio" (literalmente "do pretório") em 1,13 e nos "da casa de César" em 4,22, sempre situou essa carta durante a prisão de Paulo em Roma nos anos 61-63 d.C.

4.3.1 A unidade da carta

Atualmente grande parte dos autores admite que a carta foi escrita durante a permanência de Paulo em Éfeso entre os anos 55 e 5 d.C., embora os Atos dos Apóstolos não mencionem uma prisão de Paulo nessa cidade. Mas os Atos dos Apóstolos narram a revolta dos ourives de Éfeso contra Paulo que pregava contra o culto aos ídolos. É provável que essa revolta tenha causado sua prisão, como podemos deduzir da afirmação de Paulo na Segunda Carta aos Coríntios, escrita depois de sua partida de Éfeso:

> Não queremos, irmãos, que ignoreis a aflição que nos atingiu na Ásia. Fomos maltratados acima de nossas forças, a ponto de termos perdido a esperança de sair com vida. Até já sentíamos, como certa, a sentença de morte [...] (2Cor, 1,8-9).

Outra questão importante diz respeito à unidade da carta. Trata-se de uma única carta ou de várias cartas reunidas?

São Policarpo, bispo de Esmirna, em sua Carta aos Filipenses, faz referência "às cartas" de Paulo aos filipenses. Enquanto alguns autores atuais afirmam a unidade da carta, outros, baseados em critérios literários, falam de três pequenas cartas ou bilhetes.

Além da afirmação de São Policarpo, os argumentos a favor de várias cartas são as rupturas bruscas no tom da carta entre os textos 3,1 e 3,2 e depois entre 4,9 e 4,10.

A Carta aos Filipenses seria, então, a união de três pequenas cartas:

- **Carta A: Fl 4,10-20.** Ao tomar conhecimento da prisão de Paulo, os cristãos de Filipos lhe enviaram donativos através de um de seus membros, chamado Epafrodito, que também deveria assisti-lo. Paulo teria, então, escrito um pequeno bilhete de agradecimento.
- **Carta B: Fl 1,1–3,1a e 4,2-7.21-23.** Enquanto assistia Paulo, Epafrodito adoeceu. Os cristãos de Filipos souberam e se preocuparam com sua saúde. Uma vez restabelecido, Paulo o enviou de volta para Filipos com um novo bilhete falando da doença de Epafrodito, e da esperança de ser libertado em breve.
- **Carta C: Fl 3,1b–4, 1.8-9.** Em um outro bilhete Paulo alerta os filipenses sobre o perigo da infiltração dos judaizantes na comunidade. Paulo já não se refere mais à sua prisão.

Quando foi feita a união das três cartas, a "Carta A" (Fl 4,10-20) foi colocada no final porque as cartas de Paulo sempre terminam com os agradecimentos a toda a comunidade ou a determinadas pessoas.

4.3.2 Estrutura da carta

- Endereço e saudação (1,1-2).

Paulo associa a si seu fiel companheiro Timóteo que, provavelmente foi o redator da carta. Se dirige "a todos os santos", isto é, aos cristãos de Filipos. A menção dos "epíscopos e diáconos" nos permite vislumbrar uma certa hierarquia na comunidade.
Segue a habitual saudação paulina.

- Ação de graças (1,3-11).

Paulo agradece a Deus a constante cooperação dos filipenses na difusão do Evangelho.

- Corpo da carta (1,12–4,9)
  - Paulo fala de sua situação como prisioneiro (1,12-26).
  - Algumas exortações para a vida cristã (1,27–2,18).
  - A viagem de Timóteo e Epafrodito para Filipos (2,19–3,1).
  - Cuidado com os falsos pregadores (3,2-21).
  - Últimas recomendações (4,1-9).
- Conclusão da carta (4,10-23).

4.3.3 Mensagem

A carta é dominada pelos sentimentos de alegria e de ternura de Paulo que se dirige a seus filhos espirituais como pai. Comunica-lhes notícias sobre sua situação como prisioneiro, os exorta à alegria e à humildade, os previne contra os judaizantes.

A carta contém, também, um importante texto cristológico em 2,6-11. Trata-se de um hino pré-paulino. Isto é, Paulo serviu-se de um hino da Igreja primitiva. Esse hino deve ter sido composto uns vinte anos após a morte de Jesus e era recitado ou cantado nas assembleias litúrgicas em diversos lugares. Alguns afirmam que se trata de um hino eucarístico, outros preferem falar em hino batismal.

O vocabulário e a cristologia não são paulinos. Porém, o Apóstolo fez alguns retoques no texto. Assim, são considerados acréscimos paulinos as expressões: "e morte de cruz" (2,8); "de quanto há no céu, na terra e nos abismos" (2,10a); "para a glória de Deus Pai" (2,11). Ao servir-se desse texto, São Paulo não tinha intenção de ensinar cristologia aos filipenses, mas convidá-los a ter "os mesmos sentimentos de Cristo Jesus" (2,5), isto é, a humildade.

O texto apresenta importantes temas da cristologia: a afirmação da divindade de Cristo, sua pré-existência, sua encarnação, a morte na cruz, a exaltação (ressurreição e ascensão). É dividido em duas estrofes: 2,6-8 e 2,9-11.

Na primeira estrofe, Cristo é o protagonista da decisão de assumir a condição humana. Ao fazer isso Ele não renunciou à sua natureza divina, mas preferiu assemelhar-se aos homens, tomando a condição de servo. Essa ação de Cristo é chamada de "esvaziar-se". Na teologia se usa a palavra grega *Kênosis*. Ele não quis ser tratado com as honras devidas a Deus, mas escolheu a caducidade da natureza humana. O autor quis mostrar o contraste entre o que Jesus é e o que ele se tornou: Deus que se apresenta como servo. E, enquanto servo, Jesus foi obediente até a morte na cruz. A morte na cruz é o grau mais baixo do esvaziamento (*kênosis*) de Jesus.

Na segunda estrofe, o hino apresenta a resposta de Deus Pai à humilhação e obediência de Jesus. "Deus o exaltou". O texto original sublinha o caráter superlativo da exaltação: Deus o exaltou acima de tudo o que há no céu, na terra e abaixo da terra. A exaltação é o contrário da humilhação de Jesus. Essa superexaltação se manifesta no nome novo que é dado a Jesus: Jesus é o Senhor. Senhor é um título exclusivo de Deus. Diante de Jesus toda a criação deve dobrar os joelhos, isto é, adorá-lo e professar sua fé: "Jesus é o Senhor".

5

A CARTA A FILÊMON

5.3 Destinatário da Carta

Essa pequena carta, ou bilhete, não foi endereçada a uma comunidade, mas a uma pessoa, a Filêmon.

Não sabemos nada sobre ele a não ser o que deduzimos da própria carta.

Filêmon era um colossense. Era um homem de posses, pois possuía escravos e uma casa grande o suficiente para reunir os cristãos de Colossos. Provavelmente conheceu Paulo em Éfeso e foi batizado. Paulo o chama de "amigo e colaborador" (Fm 1).

Ápia, a quem Paulo chama de "irmã" devia ser sua esposa. E Arquipo chamado de "nosso companheiro de luta" era, provavelmente um dos filhos de Filêmon e desempenhava um ministério importante na comunidade cristã (cf. Cl 4,17).

5.4 A carta

5.4.3 Ocasião

Por que Paulo escreveu essa bela carta a Filêmon?

A questão diz respeito a Onésimo, um escravo de Filêmon. Onésimo roubou seu patrão e fugiu. Não sabemos como conheceu Paulo que estava preso em Éfeso. Onésimo teria sido preso e colocado na mesma prisão de Paulo? Ou Onésimo que ouvira falar de Paulo foi procurá-lo em Éfeso? Seja como for, Paulo conheceu Onésimo, o catequisou e batizou enquanto estava na prisão (Fm 10).

Paulo, então, enviou Onésimo de volta para seu patrão em Colossos na companhia de Tíquico, que levava a Carta aos Colossenses.

5.4.4 Data e local de composição da carta

A Tradição cristã sempre situou a Carta a Filêmon ente os anos 61 a 63 d.C., durante a prisão de Paulo em Roma.

Atualmente se propõe a cidade de Éfeso como local da sua composição. Éfeso dista apenas 200 quilômetros de Colossos enquanto Roma está a mais ou menos 2 mil quilômetros. Teria sido muito fácil para Onésimo esconder-se entre os um milhão de habitantes de Roma. Porém, era muito mais difícil um escravo percorrer tamanha distância sem ser reconhecido.

A distância entre Colossos, onde morava Filêmon e Éfeso, a terceira maior cidade do Império, era muito mais fácil e mais rápida de ser percorrida. Por isso, muitos autores atuais situam a composição da Carta a Filêmon entre os anos 55 a 57 d.C., durante a permanência de Paulo em Éfeso.

5.2.3 Estrutura

Provavelmente, Paulo redigiu pessoalmente essa bela carta (Fm 19). A estrutura, idêntica às de outras cartas de Paulo, é facilmente reconhecida:

- Endereço e saudação (1-3).

> Paulo, prisioneiro de Cristo Jesus, e o irmão Timóteo, a Filêmon nosso colaborador [...] Convosco estejam a graça e a paz da parte de Deus, nosso Pai, e do Senhor Jesus Cristo.

Paulo, que se identifica como "prisioneiro de Cristo Jesus", e Timóteo enviam a carta para Filêmon, Ápia, Arquipo e *"à igreja que se reúne em sua casa"* (Fm 1.2). Segue a saudação típica de Paulo (Fm 3).

- Ação de graças: (Fm 4-7).

> Não cesso de dar graças a meu Deus e lembrar-me de ti em minhas orações [...].

- Corpo da carta: (Fm 8-22).

> [...] prefiro fazer um pedido em nome do amor. Eu, Paulo, [...] suplico-te por meu filho Onésimo, a quem gerei na prisão.

Paulo pede que Filêmon receba Onésimo de volta, não como seu escravo, mas como seu irmão, visto que esse também foi batizado.

- Saudação final (Fm 23-25).

Paulo cita uma série de pessoas que estão com ele e que são citadas também no final da Carta aos Colossenses. E termina com uma saudação.

Importante lembrar que para a Carta a Filêmon, como para a Segunda e Terceira Cartas de João, citamos apenas o versículo, pois o capítulo é único.

5.2.4 Mensagem

Muitos se perguntaram por que Paulo não exigiu de Filêmon a libertação de Onésimo? Por que o mandou de volta a seu patrão? Paulo, em dúvidas, conhecia muito bem o destino dos escravos fugitivos.

Ao batizar Onésimo, Paulo não mudou sua condição social. Depois do batismo ele continuava sendo escravo de Filêmon. O que Paulo procurou mudar foi a atitude de Filêmon em relação a Onésimo. Mesmo sendo seu escravo, Paulo o exorta a recebê-lo como irmão no Senhor (Fm 16). O escravo Onésimo e seu patrão Filêmon se tornaram irmãos no Senhor pelo batismo. Não mudou a condição social do escravo, mas mudou o coração do patrão. Paulo tinha certeza de que Filêmon, cujo nome significa "amante" ou "aquele que ama", trataria seu escravo com amor.

Na Carta aos Gálatas, Paulo escreveu: *"Já não há judeu nem grego, nem escravo nem livre, nem homem nem mulher, pois todos vós sois um só em Cristo Jesus" (Gl 3,28)*. Não importa a raça, a cultura, a condição social. Pelo batismo todos fomos incorporados em Cristo e nos tornamos seus membros. Somos, portanto, filhos de Deus porque fomos incorporados no seu Filho e nos tornamos irmãos uns dos outros.

A CARTA AOS COLOSSENSES

6.1 A cidade de Colossos

Colossos ou Colssas foi uma antiga cidade da Frígia, distante aproximadamente 200 quilômetros da cidade de Éfeso e uns 20 quilômetros das cidades de Laodiceia e de Gerápolis (Hierápolis).

Colossos era a mais bonitas das cidades da região. Era banhada pelo Rio Lico e estava situada ao longo da Via Augusta, importante estrada romana que ligava Éfeso à região do Rio Eufrates (hoje Iraque). Por essa estrada passavam caravanas de comerciantes que traziam grande movimento comercial para a cidade. O entorno da cidade era rico em pasto onde eram criados grandes rebanhos de ovelhas. Colossos era conhecida por suas indústrias de tecido de lã. E a grande novidade era a lã colorida da cidade.

Pelo ano 250 a.C. o rei selêucida, Antíoco II, construiu perto de Colossos uma outra cidade que recebeu o nome de Laodiceia, em homenagem à sua esposa chamada Laódice. Com a construção de Laodiceia, Colossos começou a declinar.

O culto principal da região era o da deusa Cibele. No século II um dos sacerdotes de Cibele, de nome Montano, converteu-se ao judaísmo e depois ao cristianismo. Afirmava ser a encarnação do Espírito Santo e se tornou o fundador da heresia do Montanismo.

Em 241 a.C. uma cisão no Império Selêucida deu origem ao reino de Pérgamo e a Frígia passou a fazer parte do novo reino. Em 133 a.C. o último rei de Pérgamo, Átalo III, deixou em testamento o seu reino para o Império Romano. Assim, Colossos e toda a Frígia foi anexada à Província Romana da Ásia cuja capital era Éfeso.

Na época de São Paulo, Colossos era uma pequena e insignificante cidade. No ano 60/61 um violento terremoto sacudiu a região e as cidades de Colossos, Laodiceia e Gerápolis foram destruídas. O imperador Nero mandou reconstruir as cidades, mas foi dada mais importância para as cidades de Laodiceia e Gerápolis. Em 628 um novo terremoto devastou a região e Colossos nunca mais foi reconstruída.

6.2 A comunidade cristã de Colossos

Baseados no texto dos Atos dos Apóstolos sabemos que São Paulo percorreu duas vezes a região da Frígia: na sua segunda viagem missionária quando foi em direção da Galácia (At 16,6), e na terceira viagem quando foi em direção de Éfeso (At 18,23). Nessa ocasião ele passou por Colossos, mas não sabemos se se deteve em Colossos ou em Laodiceia.

Assim, a comunidade de Colossos não foi fundada por São Paulo, mas por um colaborador seu de nome Épafras.

Durante os três anos em que esteve em Éfeso, Paulo converteu muitas pessoas de toda a região da Ásia. Esses convertidos ao retornar para suas cidades fundaram comunidades cristãs. Assim, ao redor de Éfeso nasceram as igrejas de Colossos, Laodiceia, Gerápolis, Pérgamo, Esmirna, Tiatira, entre outras. É provável que os colossenses Épafras e Filêmon, como Ninfas de Laodiceia, conheceram Paulo em Éfeso.

Não sabemos se Épafras fundou a igreja de Colossos a pedido de Paulo ou não. Em todo o caso, ele sempre informou o apóstolo sobre a vida dos cristãos que se reuniam na casa de Filêmon. Porém, ao escrever a carta, Paulo demonstra a consciência da sua responsabilidade da comunidade.

Nossa única fonte de informação sobre a igreja de Colossos é a carta de Paulo. E algumas afirmações da carta (1,21-27 e 2,13) sugerem que a comunidade cristã de Colossos era formada por pagãos convertidos. É provável que o próprio Épafras não fosse judeu. O mesmo vale para as comunidades de Laodiceia e de Gerápolis.

6.3 A Carta

A Carta aos Colossenses é uma das "Cartas do Cativeiro". De fato, ao escrever, o autor afirma estar na prisão (Cl 4,3.10.18).

6.3.1 Autenticidade da carta

Um dos problemas cruciais de Colossenses é a questão da sua paternidade.

> *A Carta aos Colossenses foi escrita por São Paulo ou por outra pessoa?*

A Tradição da Igreja sempre considerou essa carta como paulina. Porém, a partir do início do século XIX, sua autenticidade foi contestada, e a carta foi atribuída a um discípulo de Paulo (Timóteo. Tíquico, Épafras) ou mesmo a um autor que viveu no século II.

Os argumentos apresentados contra a paternidade paulina se baseiam, sobretudo, no vocabulário, no estilo e na teologia da carta. De fato, na carta encontramos muitas palavras novas que não são usadas em outras cartas de São Paulo. Também o estilo é mais solene e menos coloquial como nas outras cartas.

Por outro lado, aqueles que defendem a paternidade paulina afirmam que o estilo e o vocabulário dependem muito do secretário que redigiu a carta. E sabemos que São Paulo se servia de secretários para redigir seus escritos. Em todo o caso, a questão da paternidade da Carta aos Colossenses continua aberta. Há os que defendem a autoria paulina e há os que a consideram uma carta deuteropaulina, ou seja, atribuída a Paulo, mas não de sua autoria.

Convém lembrar que a discussão sobre a paternidade de um livro da Bíblia não influi na sua canonicidade ou inspiração. O texto é inspirado por Deus mesmo que se discuta o seu autor humano.

6.3.2 Data e local de redação

Como para a Carta aos Filipenses e para a Carta ou Bilhete a Filêmon, a questão é identificar o local onde Paulo esteve preso no momento em que a carta foi escrita. A Tradição da Igreja sempre colocou as "Cartas do cativeiro" (Efésios, Colossenses, Filipenses e Filêmon) entre os anos 61 a 63 d.C. durante a prisão de Paulo em Roma. O fato de Paulo afirmar que escreve da prisão, não significa que essas cartas tenham sido redigidas na mesma época e no mesmo local. Sabemos que Paulo esteve preso em lugares diferentes: em Cesareia Marítima, entre 58 e 60 d.C. (At 23,33–26,32) e em Roma, do ano 61 a 63 d.C. (At 28,16.30). Há autores que propõem uma segunda prisão em Roma pelos anos 66/67 d.C.

Atualmente, muitos autores, baseados em 2Cor 1,8-9, admitem também uma prisão de Paulo em Éfeso entre os anos 54 a 57 d.C., mesmo que os Atos dos Apóstolos não façam nenhuma referência.

Éfeso parece ser o local mais razoável para a redação da carta, pois dista apenas 200 quilômetros de Colossos. Também a carta parece ser próxima da Carta a Filêmon, pois em ambas são lembradas as mesmas pessoas (Fm 23-24 e Cl 4,10-14).

A carta foi levada a Colossos por Tíquico, um colaborador de São Paulo e natural de Éfeso. Com ele viajou também Onésimo, o escravo fugitivo de Filêmon (Cl 4,7-9), levando consigo a carta de Paulo a seu patrão.

Para os que afirmam que Colossenses não foi escrita pelo Apóstolo Paulo, mas por um de seus discípulos após a sua morte, a redação da carta deve ser colocada em qualquer data após o ano 67 d.C.

6.3.3 Ocasião

A carta foi escrita com base nas informações de Épafras sobre o estado da comunidade cristã de Colossos. Talvez o próprio Épafras tenha sido o redator.

Os cristãos se mantinham firmes na fé e na caridade (Cl 1,4.8; 2,5). Porém, novas ideias perturbavam a vivência do cristianismo. Paulo fala de "filosofias mentirosas e inúteis" (Cl 2,8).

É difícil identificar essa falsa doutrina, pois tudo o que sabemos é deduzido da própria carta. Essa "filosofia" contém um grande sincretismo com elementos tirados do judaísmo, como a circuncisão (2,11-12), a proibição de certos alimentos (2,16), a prescrição de cerimônias, festas e sábados (2,16) e outras normas vistas como excelentes meios de adquirir a salvação. Se mencionam também os anjos como grandes mediadores entre Deus e os homens (2,18-19); a busca da mortificação do corpo (2,23) de jejuns e abstinências (2,21), além de aspectos místicos com visões e revelações.

Convém lembrar que a Frígia era a pátria do culto ao deus Dionísio/Baco que compreendia o delírio, a êxtase. Os fenômenos naturais da região, como os terremotos, águas termais e medicinais, vapores subterrâneos podem ter contribuído no sincretismo dessa heresia.

Todos esses elementos são citados sem maiores detalhes, o que impossibilita o conhecimento desse erro doutrinário que afetava a comunidade. Porém, é possível perceber que essa "filosofia" questionava a primazia de Cristo na salvação.

O mesmo erro devia atingir também as comunidades vizinhas de Laodiceia e de Gerápolis, pois Paulo pede que a carta dirigida a Colossos seja lida também em Laodiceia e a enviada aos laodicenses seja lida em Colossos (Cl 4,16). Ora, as atas do Concílio de Laodiceia (363/364) mencionam um culto supersticioso aos anjos, particularmente a São Miguel.

6.3.4 Estrutura da Carta

- Endereço e saudação (1,1-2).

> Paulo, apóstolo de Jesus Cristo pela vontade de Deus e o irmão Timóteo, aos santos e fiéis irmãos em Cristo, que moram em Colossos: a graça e a paz da parte de Deus nosso Pai estejam convosco.

- Ação de graças (1,3-14).
  > Damos graças a Deus, Pai de nosso senhor Jesus Cristo [...].
- Corpo da carta (1,15–4,6).
- Parte doutrinal (1,15–3,4).
  - 1,15–2,3: A pessoa e a obra de Cristo na salvação
  - 2,4–3,4: crítica à heresia que negava a primazia de Cristo.
- Parte exortativa (3,5–4,6): Os vícios a serem evitados e a prática da caridade.
- Conclusão (4,7-18): Notícias pessoais, últimas recomendações e saudação.

6.3.5 Mensagem

O objetivo da carta é combater os erros propagados pela heresia que se alastrava na comunidade cristã de Colossos. Por isso, o autor insiste na primazia de Cristo e no seu papel único na salvação de todos as pessoas.

Servindo-se de um hino cristológico usado na liturgia da Igreja, Paulo afirma que Cristo é o primogênito de toda a criação e o primogênito na salvação.

Tudo foi criado nele, por Ele e para Ele. Tanto as criaturas da terra, as visíveis, como as celestes, as invisíveis. Todas as categorias angélicas foram criadas por Ele. Pois "Ele é a imagem do Deus invisível". Cristo é também o "Primogênito dentre os mortos". Ele possui também a primazia na salvação. Deus reconciliou todos os seres terrestres e celestes por Ele e para Ele. Cristo, e não os anjos, é o único intercessor entre os homens e Deus.

7

A CARTA AOS ROMANOS

7.1 A cidade de Roma

A fundação da cidade de Roma está cercada de lendas. A mais conhecida é a lenda dos gêmeos Rômulo e Remo, descendentes do herói grego Enéas que, depois da guerra de Troia, chegou até onde hoje é a Itália. Rômulo e Remo eram seus netos e foram abandonados na mata onde foram amamentados por uma loba. Um casal de agricultores os encontrou e os criou. Romulo teria construído Roma no ano 753/754 a.C.

Mas uma tradição romana muito antiga fala de algumas vilas construídas por agricultores e pastores sobre as várias colinas ao longo do Rio Tibre. Rômulo teria fortificado uma dessas vilas construída sobre o Monte Palatino. O nome da vila era Roma, proveniente de "rumon" que significa rio por causa da proximidade com o atual Rio Tibre. A cidade cresceu e foi se unindo às outras vilas ao redor. A situação geográfica favoreceu seu rápido desenvolvimento até se tornar a capital de um grande império.

No primeiro século depois de Cristo, Roma era a maior cidade do Império Romano com aproximadamente um milhão de habitantes. Era governada pelo imperador e pelo senado romano.

Sua população era muito diversificada com pessoas vindas de todas as partes do império. Grande parte dessa população era formada por escravos e por libertos (escravos que foram libertados por seus donos).

Havia também uma grande colônia judaica com aproximadamente cinquenta mil judeus que se estabeleceram na cidade desde o ano 139 a.C. e habitavam a região hoje chamada de Trastévere. Eles construíram muitas sinagogas na cidade.

Embora o judaísmo fosse considerado uma "religião lícita" em todo o Império Romano, muitos a consideravam uma "superstição bárbara", pois os judeus adoravam um único Deus que não tinha estátuas.

7.2 A comunidade cristã de Roma

A igreja de Roma não foi fundada por nenhum dos apóstolos. Provavelmente os primeiros cristãos de Roma foram pessoas que aderiram a Jesus Cristo em outras partes do Império Romano. São Lucas, nos Atos dos Apóstolos, coloca entre os presentes em Jerusalém no dia de Pentecostes também "peregrinos romanos" (At 2,10). Esses cristãos foram à Roma a negócios, como imigrantes ou mesmo como escravos e não necessariamente para fundar uma comunidade cristã. Provavelmente surgiram várias comunidades cristã na cidade. Eram comunidades formadas por judeus e não judeus convertidos.

Logo surgiu rivalidade entre os judeus e os cristãos de origem judaica. Como em outras cidades, a questão era aceitar Jesus de Nazaré como Messias ou não.

No tempo do Imperador Cláudio (41–54 d.C.) a rivalidade entre os dois grupos aumentou de modo que o imperador expulsou de Roma todos os judeus. O historiador romano Suetônio relatou o fato no seu livro *Vida de Cláudio*: *"Cláudio expulsou os judeus de Roma que provocavam tumultos por causa de um certo Chrestos (provavelmente Cristo)" (Vida de Cláudio* 25,4). Isso deve ter acontecido pelo ano 49 d.C. Entre os judeus cristãos expulsos de Roma estavam Áquila e Priscila, comerciantes de tecidos, que se estabeleceram em Corinto onde conheceram São Paulo e lhe deram trabalho (At 18,1-3).

A expulsão dos judeus provocou uma mudança profunda na igreja de Roma, que passou a ser formada somente por pagãos convertidos. É provável que surgiram, então, várias pequenas comunidades cristãs que se reuniam nas casas dos cristãos.

Quando o Imperador Nero, em 54 d.C., revogou o edito de Cláudio, os judeus retornaram para Roma. Os cristãos de origem judaica encontraram uma igreja com uma fisionomia particular e a integração e convivência entre os dois grupos foi difícil e sofrida (cf. Rm 14–15).

Ao escrever aos romanos, São Paulo não usou nenhuma vez a palavra "igreja", o que nos leva a supor que, na cidade, havia várias comunidades autônomas e sem uma estrutura semelhante à das comunidades paulinas. Pela leitura da carta podemos deduzir que a maioria dos cristãos de Roma eram de origem pagã.

Portanto, os Apóstolos Pedro e Paulo não foram os fundadores da igreja de Roma, mas sem dúvidas se deve a eles o fortalecimento da fé dos cristãos e a busca da unidade. Por isso a Igreja lhes deu o título de "Fundadores da Igreja em Roma". É provável que Pedro e Paulo não estiveram em Roma na mesma época. Mas cada um deles contribuiu a seu modo na formação da igreja de Roma.

7.3 A Carta aos Romanos

7.3.1 Local e data da redação

São Paulo escreveu "Aos Romanos" no final de sua terceira viagem missionária, durante o inverno de 57/58 d.C., enquanto estava na cidade de Corinto para fazer a coleta de fundos para os pobres da igreja de Jerusalém (Rm 15,25-29). No final da carta, Paulo envia saudações da parte de Gaio e de Erastro aos cristãos de Roma: *"Saúda-vos Gaio, meu hospedeiro e de toda a igreja. Saúda-vos Erasto, tesoureiro da cidade, e o irmão Quarto"* (Rm 16,23-24).

Ora, segundo 1Cor 1,14, Gaio foi batizado por São Paulo quando a igreja de Corinto foi fundada. E, segundo 2Tm 4,20, na segunda prisão de Paulo, Erasto ficou em Corinto.

7.3.2 Objetivo da carta

Sabemos que todas as cartas escritas por São Paulo foram enviadas às comunidades que ele mesmo fundara. E tinham como objetivo fortificar a fé dos cristãos, esclarecer alguns pontos principais da doutrina cristã, alertar contra perigos contra a fé, solucionar problemas locais.

> Ora, Paulo não esteve em Roma antes de escrever a Carta aos Romanos. O que teria levado o Apóstolo a enviar a mais longa de suas cartas a uma igreja que ele não fundara nem conhecia?

Sem dúvidas a carta não foi motivada por alguma dificuldade da igreja de Roma. Alguns autores levantaram a possibilidade de a carta ter sido escrita para pacificar a comunidade de Roma que sofria com a dificuldade de convivência entre os cristãos de origem judaica e os de origem pagã. Mas não parece ser esse o objetivo principal da carta.

São Paulo pretendia passar por Roma na sua viagem para a Espanha. É o que ele mesmo afirma na carta: *"espero ver-vos de passagem quando for para a Espanha"* (15,24). *"Logo que tiver cumprido este ofício e entregue o fruto da coleta aos santos, passarei um tempo convosco e seguirei para a Espanha"* (15,28). A Carta aos Romanos é, portanto, a apresentação que Paulo faz, não da sua pessoa, mas do essencial de sua pregação. Sabendo que em Roma havia uma grande comunidade formada por convertidos do judaísmo e do paganismo, Paulo desenvolveu o principal tema da sua pregação, a justificação. Tanto judeus como pagãos são justificados por sua adesão à pessoa de Jesus Cristo.

7.3.3 Estrutura da carta
- Endereço e saudação (1,1-7).
  > Paulo, servo de Jesus Cristo [...] a vós que estais em Roma, a graça e a paz sejam convosco da parte de Deus nosso Pai, e do Senhor Jesus Cristo.
- Ação de graças (1,8-15).
  Agradecimento a Deus pela fé dos cristãos de Roma e pela oportunidade de Paulo em visitá-los.
- Argumento principal da carta: *"A justiça de Deus se revela de fé a fé, conforme está escrito: "O justo vive da fé"* (1,16-17).
- O corpo da carta (1,18–15,13).
  - Parte dogmática (1,18–11,36): O tema da justificação pela fé é amplamente apresentado com base na Sagrada Escritura.
  - Parte exortativa (12,1–15,13): com diversos conselhos.
- Conclusão (15,14–16,24).
  - 15,14-33: notícias pessoais de Paulo.
  - 16,1-21: saudações a pessoas particulares.
  - 16,22-24: saudação final.
- Doxologia final (15,25-27).

7.3.4 Autenticidade
A paternidade paulina da Carta aos Romanos nunca foi contestada. Mas se discute a autenticidade de algumas pequenas partes, a saber:
- Rm 16,25-27 é considerada por muitos autores como um acréscimo não paulino. Trata-se de uma doxologia que aparece em lugares diferentes em cópias antigas da carta. Alguns textos a colocam no final do capítulo 14, outros no do 15 e a maioria no final do 16.
- Rm 16,1-16 apresenta a saudação de Paulo a um grande grupo de pessoas, citadas nominalmente. Se Paulo nunca esteve em Roma antes de escrever essa carta, porque envia saudações a tantas pessoas? Alguns autores levantaram a hipótese de que esses versículos pertenceriam à Carta aos Efésios e que por descuido de algum copista foi parar no final da Carta aos Romanos. Mas não se tem nenhum texto que prove essa possibilidade.
- Rm 16,1-16 pertence sim à Carta aos Romanos. Paulo deve ter conhecido essas pessoas em outros lugares. Sabendo que estavam em Roma, enviou-lhes

saudações pessoais. Assim, essas pessoas poderiam apresentá-lo aos outros cristãos que não o conheciam. Era um modo de estabelecer um primeiro contato com a comunidade de Roma.

7.3.5 Mensagem

A Carta aos Romanos retoma o mesmo argumento da Carta aos Gálatas: a justificação pela fé. Porém, desenvolvido de modo mais amplo e sem o tom da polêmica. De fato, a Carta aos Gálatas foi redigida em plena polêmica contra os judaizantes que se infiltraram nas igrejas da Galácia.

Sabendo que a comunidade cristã de Roma era composta por judeus e por pagãos (gentios) convertidos, Paulo aborta um tema fundamental para todos os cristãos independente de suas origens: o que nos torna justos diante de Deus não é nossas obras, por mais meritórias que sejam, mas nossa adesão a Jesus Cristo pela fé.

Paulo parte da incapacidade de toda pessoa, judeus ou pagãos, de adquirir a justificação perante Deus. A fé em Jesus é o único modo de uma pessoa ser justificada. A justificação é nossa vitória sobre o pecado que gera a morte eterna. Pela fé nos tornamos filhos de Deus e seu Espírito habita em nós. Só tem valor perante Deus as obras nascidas da fé em Jesus e da vida vivida no seu Espírito.

8

A CARTA AOS EFÉSIOS

8.1 A cidade de Éfeso

No primeiro século da Era Cristã, Éfeso era a terceira maior cidade do Império Romano. A cidade esteve sob o domínio de vários povos. Os jônios foram os primeiros a ocupá-la. Depois passou para o domínio persa e foi conquistada por Alexandre Magno em 334 a.C. Após a morte de Alexandre toda a região passou para o domínio de seu general, Lisímaco. Mais tarde fez parte do reino de Pérgamo quando foi embelezada e enriqueceu. Finalmente, em 129 a.C. foi conquistada pelos romanos e tornou-se a capital da Província Romana da Ásia.

Éfeso era conhecida pelo grande templo dedicado a Diana ou Artêmis, deusa da fecundidade. Foram os fenícios que construíram no local um templo dedicado a uma deusa adorada sob o símbolo da lua. O templo atraiu muitos peregrinos, pois oferecia o direito de asilo. No século IV a.C. foi incendiado por um louco chamado Erostrato que buscava um modo de se tornar célebre. Foi reconstruído com mais beleza e se tornou uma das sete maravilhas do mundo antigo.

Por causa do templo, viviam na cidade muitos magos, feiticeiros e bruxos.

Além de ser um local de peregrinações por causa de seu templo, Éfeso era também um importante centro comercial. Por ali passava uma importante estrada romana que a ligava às cidades das províncias da Galácia, da Cilícia, da Síria.

Ali havia também uma grande colônia de judeus que possuíam sua sinagoga.

8.2 A comunidade cristã

Segundo os Atos dos Apóstolos, Paulo esteve em Éfeso pela primeira vez no final da sua segunda viagem missionária. Partiu do porto de Cencreia em Corinto acompanhado de seus amigos Áquila e Priscila e desembarcou em Éfeso. Porém, ficou pouco tempo na cidade, pois seu objetivo era chegar em Jerusalém e depois em Antioquia da Síria (At 18,19s.).

Paulo voltou a Éfeso na sua terceira viagem missionária. Ao chegar, encontrou uma comunidade cristã, provavelmente fruto do trabalho de evangelização de Áquila e Priscila e de outros cristãos vindos de várias partes do império.

O Apóstolo permaneceu na cidade por um longo período entre os anos 53 a 56 d.C. O texto de At 19,10 menciona uma permanência de dois anos: *"Isto durou dois anos, de maneira que todos os habitantes da Ásia, judeus e gregos, puderam ouvir a palavra do Senhor"*. Mas no seu discurso de despedida aos líderes das igrejas da Ásia, em Mileto, Paulo fala de três anos: *"Vigiai, pois, lembrando-vos de que por três anos, noite e dia, não parei de exortar com lágrimas a cada um de vós"*. Paulo tinha como colaboradores Silas, Timóteo, Tito, Erasto, Gaio e Aristarco (At 19,22.29).

Seguindo seu método de evangelização, Paulo começou pregando na sinagoga de Éfeso por três meses. Diante da reação contrária dos judeus, ele passou a pregar na escola de um professor de retórica, chamado Tirano. Provavelmente Tirano era um cristão e deixou sua escola à disposição de Paulo das onze às dezesseis horas todos os dias. Sua pregação teve êxito a ponto de muitos bruxos e feiticeiros da cidade se converterem e queimarem seus livros de magia em praça pública:

> Muitos dos que receberam a fé vinham confessar publicamente suas práticas supersticiosas. E muitos dos que tinham exercido artes mágicas traziam seus livros e os queimavam diante de todos [...]" (At 19,18-19).

Sua pregação foi confirmada com vários milagres (At 19,11s.). Consequência de seu trabalho de evangelização foi, também, o surgimento de comunidades cristãs em várias cidades ao redor de Éfeso, fundadas por pessoas que ouviram Paulo em Éfeso, se converteram e, ao retornarem para suas casas, iniciaram novas comunidades cristãs. Podemos lembrar os colossenses Épafras, Filêmon, Aristarco, o laodicense Ninfas. Épafras foi o fundador das comunidades de Colossos, de Laodiceia e talvez de Gerápolis.

O Livro do Apocalípse menciona ainda as igrejas de Pérgamo, Tiatira, Esmirna, Sardes, Filadélfia, todas cidades não muito distantes de Éfeso.

Enquanto esteve em Éfeso Paulo escreveu a Primeira Carta aos Coríntios, a Carta aos Gálatas e provavelmente a Carta aos Filipenses e a Carta a Filêmon.

A ação evangelizadora de Paulo foi interrompida pela revolta dos ourives de Éfeso. Liderados por um certo Demétrio, os artesãos da cidade se revoltaram contra Paulo, pois sua pregação contra os ídolos prejudicava seus negócios de venda de estátuas da deusa Diana, e de seu templo. A revolta ganhou as ruas aos gritos de "Grande é a Ártemis dos efésios" (At 19,23-40). É provável que o tumulto levou Paulo para a prisão. Os Atos dos Apóstolos não mencionam essa prisão, mas a Segunda Carta aos Coríntios, escrita algum tempo depois, deixa supor (cf. 2Cor 1,8-9).

[Também não sabemos por quanto tempo Paulo ficou preso nem como foi libertado. Já, naquela época, uma boa soma de dinheiro abria qualquer porta. Pode ser que, aproveitando-se do tumulto provocado pelo assassinato do proconsul de Éfeso, Júlio Silanus (+ 54), os amigos de Paulo conseguiram sua libertação.

Partindo de Éfeso, Paulo foi para a Macedônia, provavelmente para Filipos (At 20,1). No final da terceira viagem missionária, estando a caminho de Jerusalém, Paulo evitou de passar por Éfeso e reuniu os líderes das comunidades da Ásia em Mileto onde se despediu deles (At 20,17s.).

8.3 A carta aos Efésios

É uma das chamadas "Cartas do cativeiro" porque Paulo se apresenta como "o prisioneiro de Cristo" (3,1) e "o prisioneiro do Senhor" (4,1). Foi também chamada de "Carta magna da Igreja" por causa de seu conteúdo solene e sem polêmicas. Mas, a carta apresenta uma série de questionamentos.

8.3.1 A paternidade paulina

A carta foi escrita por Paulo ou por outra pessoa?

A Tradição da Igreja admitiu unanimemente a paternidade paulina da carta. O nome de Paulo aparece várias vezes no texto (1,1; 3,1; 4,1), além do nome de Tíquico, um efésio, grande colaborador do Apóstolo.

A carta aparece sob o nome de Paulo em todas as antigas listas dos livros do Novo Testamento. Porém, no final do século XVIII, a crítica racionalista questionou a paternidade da carta. Os motivos apresentados foram:

- A diferença na linguagem e no estilo. Na carta encontramos muitas palavras que nunca foram usadas por Paulo em suas cartas. Também o estilo é mais solene e não coloquial; as frases são longas, com muitos complementos.

- Há uma grande semelhança entre Efésios e Colossenses. Mais da metade de Efésios contém paralelos em Colossenses. Tem-se a impressão que o autor de Efésios conhecia o texto da Carta aos Colossenses e o ampliou.

- Há também diferenças quanto ao conteúdo: não há nenhum texto polêmico, nenhuma referência à Parusia. Cristo é apresentado como ressuscitado e exaltado junto do Pai. Nas outras Cartas, ao falar da Igreja como "Corpo de Cristo", Paulo se refere às comunidades locais (Rm 12,5; 1Cor 12,12-27) enquanto que em Efésios a Igreja universal é o "Corpo de Cristo" (Ef 4,1-16). A Igreja também é chamada de "esposa de Cristo" (5,23-32). Também a teologia do matrimônio é bem desenvolvida (5,21-23).

- As exortações da carta (Ef 4-5) são muito genéricas e podem ser aplicadas a qualquer comunidade cristã.

- A carta não contém o nome de nenhuma pessoa, a não ser o nome de Tíquico que era natural de Éfeso. Essa ausência é estranha sabendo que Paulo viveu quase três anos na cidade. Para solucionar esse problema, alguns afirmaram que o capítulo 16 da Carta aos Romanos pertencia originalmente a Efésios. Porém, não existe nenhum texto antigo onde a Carta aos Efésios termine com o texto de Romanos.

- O autor nunca usou o termo "irmãos", muito comum nas cartas paulinas. E parece que o autor só ouviu falar dos cristãos de Éfeso (1,15; 3,2; 4,21).

Todos esses argumentos, tomados no seu conjunto, levaram muitos autores a admitir que a Carta aos Efésios não é de Paulo, mas de um de seus discípulos que teria escrito após sua morte.

Houve ainda aqueles que afirmaram que Efésios foi redigida por Timóteo ou Tíquico como introdução à coleção das Cartas de Paulo.

Os que defendem a paternidade paulina falam que Efésios apresenta uma evolução no pensamento de Paulo. Mas, essa evolução teria acontecido só na cristologia e na eclesiologia de Paulo? Se tomamos como exemplo o tema da justificação, a teologia é a mesma em Gálatas e em Romanos. Também a afirmação da liberdade do secretário que escreveu a carta, não se justifica. É impossível que alguém tenha modificado o sentido de muitas palavras com o consentimento de Paulo.

Atualmente, são poucos os autores que defendem a paternidade paulina da carta. A maioria admite que Efésios não é do Apóstolo Paulo.

8.3.2 Os destinatários

É a carta mais fria de Paulo. Não contém saudações pessoais e nenhuma referência à estadia de Paulo em Éfeso.

Nas cópias mais antigas que possuímos, a carta é dirigida *"aos santos e fiéis em Cristo Jesus"*, sem a determinação "que estão em Éfeso" (1,1).

Ao longo do tempo apareceram algumas propostas a respeito dos destinatários da carta.

a) Efésios seria a carta de Paulo aos Laodicenses

No final da Carta aos Colossenses, Paulo pede que sua carta seja enviada para a comunidade de Laodiceia, e que os colossenses leiam a carta que ele enviou aos laodicenses: *"Uma vez lida esta carta entre vós, fazei com que seja lida também na igreja de Laodiceia. E vós, lede a de Laodiceia"* (cf. Cl 4,16). Ora, não possuímos a Carta aos Laodicenses. Porém, o herege Marcião (140 d.C.) colocou no seu cânon a Carta aos Efésios, mas com o título: "Carta de São Paulo aos Laodicenses".

> *A Carta aos Efésios seria, na realidade, a perdida Carta aos Laodicenses?*

A igreja de Laodiceia não foi fundada por Paulo, mas por seu colaborador Épafras. Isso explicaria o caráter impessoal da carta e a ausência de saudações pessoais.

Mais tarde o nome dos destinatários foi trocado por influência da carta do Apocalípse dirigida ao "Anjo (bispo) de Laodiceia" onde seu bispo foi condenado (cf. Ap 3,14-19). A tese não se sustenta, pois o bispo de Éfeso também foi repreendido (Ap 2,4-6).

b) Efésios seria uma carta circular a várias igrejas da Ásia

A carta não teria sido escrita apenas para a igreja de Éfeso, mas para várias igrejas vizinhas, como: Pérgamo, Tiatira. Sardes, Filadélfia, Laodiceia, Gerápolis.

No endereço da carta, Paulo teria deixado um espaço em branco que seria preenchido com o nome de cada comunidade onde a carta fosse lida. Talvez o próprio Tíquico, que foi o portador da carta, fosse responsável para acrescentar o nome de cada comunidade. Hoje falamos de Carta aos Efésios porque a cópia endereçada a Éfeso chegou até nós.

Essa hipótese surgiu no século XVI e ainda hoje tem seus adeptos. A pergunta que se faz é: Por que São Paulo não escreveu uma carta aos cristãos da Ásia como escreveu a Carta aos Gálatas, ou "a todos os santos de toda a Acaia" (2Cor 1,1)?

c) A carta foi dirigida à igreja de Éfeso

A maioria das cópias que possuímos contém a especificação "que estão em Éfeso". E mesmo as cartas que não contêm essa determinação conservam no título "Aos Efésios".

A falta de notícias e saudações pessoais no final da carta seriam compensadas pelas informações transmitidas por Tíquico que foi o portador da carta (Ef 6,21-22).

Mas, como explicar o caráter impessoal da carta, a ausência de referências a fatos concretos da comunidade? Pois São Paulo viveu três anos em Éfeso. Alguns textos dão a impressão de que o autor da carta não foi o evangelizador da comunidade (1,15; 3,2; 4,21).

Atualmente, a maioria dos autores respondem a essa questão afirmando que Paulo foi o evangelizador de Éfeso, mas não é o autor da Carta aos Efésios.

A carta foi escrita por um seu discípulo após a sua morte. É impossível determinar o autor. Alguns autores falam em Onésimo, outros em Timóteo, ou Épafras. Não temos nenhuma base para determinar o autor da carta.

8.3.3 Ocasião da carta

O que levou o autor a escrever essa carta?

Há duas respostas possíveis a essa questão:

a. Para alguns a Carta aos Efésios é um texto doutrinal e não se refere a nenhum momento histórico de qualquer comunidade cristã da Ásia Menor. Outros afirmaram que essa carta foi escrita para servir de introdução às Cartas Paulinas.
b. Para outros, o objetivo do autor era refletir sobre a unidade da Igreja. Na igreja de Éfeso, assim como em outras igrejas vizinhas, havia o problema de entrosamento entre os cristãos judeus e os cristãos não judeus. Por isso o autor abordou o problema da comunhão de todos na Igreja.

Esse problema teria surgido depois do ano 70 d.C. quando o Templo de Jerusalém foi destruído. Os judeus cristãos foram, então, expulsos das sinagogas pelos judeus ortodoxos. Impedidos de frequentar as sinagogas esses cristãos procuraram as igrejas da Ásia Menor. Mas não foram bem recebidos pelos cristãos não judeus. Se no início do cristianismo foram os judeus que rejeitaram os pagãos, agora eram os pagãos que não aceitavam os judeus cristãos.

Para o autor, a comunhão entre judeus e gentios é um projeto de Deus que, antes da criação do mundo, já escolhera unir todos os homens em Cristo. Assim, Cristo é o ponto de união, nele todas as divisões são superadas. Por isso a Carta aos Efésios insiste na primazia de Cristo e na união de todos nele, Cabeça do Corpo Místico que é a Igreja.

8.3.4 Data e local da redação

A Tradição da Igreja que sempre considerou essa carta como um escrito do Apóstolo Paulo, situou sua redação entre os anos 61 a 63 d.C., em Roma. Nesse período Paulo estava preso em Roma. Segundo os Atos dos Apóstolos, Paulo não estava na prisão, mas em uma casa alugada e podia receber livremente todos os que vinham procurá-lo (At 28,30-31).

Ainda segundo a Tradição, a Carta aos Efésios seria contemporânea das Cartas aos Colossenses, aos Filipenses e à Filêmon. Em todas essas cartas Paulos afirma estar na prisão. E os Atos dos Apóstolos narra uma única prisão de Paulo que se estendeu por quatro anos, dois dos quais em Cesareia Marítima na Palestina e os outros dois em Roma.

Como é impossível identificar o destinatário, também é impossível saber o local onde a carta foi escrita. Quanto à data, é provável que tenha sido escrita depois do ano 70 d.C., mas antes do início do século II, pois nessa época o texto já era conhecido e usado por muitos autores cristãos.

8.3.5 Estrutura da carta

- Endereço e saudação (1,1-2).

    > Paulo, apóstolo de Cristo Jesus pela vontade de Deus, aos santos e fiéis em Cristo Jesus. Estejam convosco a graça e a paz da parte de Deus, nosso Pai, e do Senhor Jesus Cristo.

    É citado apenas o nome de Paulo, e como foi afirmado acima, muitos manuscritos antigos não contêm a expressão *"que estão em Éfeso"*.

- Hino de louvor a Deus e ação de graças (1,13-23)

    > Bendito seja o Deus e Pai de nosso Senhor Jesus Cristo [...].

    Um belo hino de louvor (1,3-14) precede a ação de graças (1,15-23).

- Corpo da carta (2,1–6,20).
    - Parte doutrinal (2,1–3,21).

        Cristo, com sua morte e ressurreição, reuniu todos os seres humanos em uma só família.
    - Parte exortativa (4,1–6,20).

        Buscar a unidade e a vida nova em Cristo.
- Conclusão e saudação final (6,21-24).

8.3.6 Mensagem

Toda a carta está centrada na revelação do "mistério" que Deus escondeu desde a criação do mundo e que foi revelado a Paulo. Esse "mistério" é o desígnio divino de reunir em Cristo os seres humanos independentes de raça e cultura. Deus nos escolheu e nos predestinou a sermos seus filhos adotivos em Jesus Cristo. Não foram só os judeus que foram escolhidos, mas todos os homens. Por isso, não existe mais circuncisos e incircuncisos, judeus e gentios, pois todos formam um só corpo, cuja Cabeça é Cristo. *"De ambos os povos fez um só, tendo derrubado o muro de separação e suprimindo em sua carne a inimizade"* (Ef 2,14).

A Igreja é o Corpo Místico de Cristo. Quando se refere à Igreja, o autor pensa na Igreja universal e não mais nas comunidades locais como, por exemplo, na Primeira Carta aos Coríntios.

Enquanto na Carta aos Coríntios Paulo insistia na unidade e solidariedade dos vários membros do Corpo Místico de Cristo entre si, agora o autor insiste na necessidade de cada membro estar unido à Cabeça que é Cristo. A unidade do Corpo não está na mútua dependência entre os membros, mas na união de todos os membros com a Cabeça. A união com Cristo, Cabeça da Igreja, gera a união entre todos os seus membros, independente da raça. Também a moral matrimonial de Efésios é mais desenvolvida do que as outras cartas (Ef 5,21–6,4).

9

AS CARTAS PASTORAIS

Entre as Cartas Paulinas encontramos quatro cartas que não foram dirigidas às comunidades, mas são endereçadas às pessoas: duas Cartas a Timóteo, a Carta a Tito e a Carta a Filêmon.

As Cartas a Timóteo e a Carta a Tito, desde o século XVIII são conhecidas como "Cartas Pastorais", pois foram enviadas aos pastores das igrejas de Éfeso e de Creta.

9.1 Os destinatários das cartas

9.1.1 Timóteo

Foi o grande colaborador de Paulo que o chamava de "meu filho" por tê-lo batizado. Timóteo aparece ao lado de Paulo em quase todas as suas cartas (cf. 1Ts 1,1; 2Ts 1,1; 2Cor 1,1; Rm 1,1; Fl 1,1; Cl 1,1; Fm 1). Natural de Listra, na Licaônia, era filho de um grego (não judeu) casado com uma judia chamada Eunice. Conhecemos também o nome de sua avó, Loide (2Tm 3,15).

Na primeira passagem de Paulo e Barnabé por Listra, a família se converteu ao cristianismo. O pai, provavelmente já tinha falecido, pois não é citado por Lucas nem por Paulo. Timóteo deveria ter por volta de 20 anos de idade. Tornou-se muito ativo na sua pequena comunidade de maneira que, na segunda viagem missionária, ao passar por Listra com Silvano, Paulo convidou-o para acompanhá-los. Antes, porém, fez com que Timóteo fosse circuncidado o que lhe facilitaria o contato com os judeus. A partir desse momento, Timóteo sempre esteve ao lado do Apóstolo.

Nas duas cartas que lhe foram dirigidas se recorda a imposição das mãos que consagrou Timóteo para o ministério:

> Não descuides a graça que está em ti e que recebeste por uma intervenção profética, quando o colégio dos presbíteros te impôs as mãos (1Tm 4,14).
>
> Por isso eu te exorto a reavivar o dom de Deus que recebeste pela imposição das minhas mãos (2Tm 1,6).

Em suas cartas, Paulo nos deixou alguns pequenos traços da personalidade de Timóteo. Ele tinha uma saúde delicada (1Tm 5,23), era tímido e um tanto indeciso (1Cor 16,10-11; 1Tm 4,12). Mas era alguém da total confiança de Paulo que o enviou a várias comunidades para fortalecê-las na fé.

Paulo o deixou como o responsável (epíscopos) da igreja de Éfeso.

Provavelmente, após a morte de Paulo, coube a Timóteo a responsabilidade pelas comunidades cristãs da Ásia Menor e da Grécia.

Morreu martirizado no ano 97 d.C.

9.1.2 Tito

É um ilustre desconhecido, pois tudo o que sabemos a seu respeito vem de notícias espalhadas nas Cartas Paulinas. Não sabemos por qual motivo, mas Tito não é citado nenhuma vez nos Atos dos Apóstolos. Deve ter se convertido durante a primeira viagem missionária de Paulo, pois acompanhou o apóstolo na assembleia em Jerusalém (At 15).

Paulo afirma que Tito era grego, isto é, um não judeu e que, portanto, não era circuncidado (Gl 2,3).

Esteve com Paulo durante sua permanência em Éfeso, de onde foi enviado várias vezes a Corinto, sobretudo para pacificar a comunidade que havia se indisposto com Paulo, e para organizar uma coleta de fundos para os cristãos da Palestina (cf. 2Cor 2,12s.; 7,6s.; 8,6s.; 12,18; Rm 15,26).

Tito parece ter sido um hábil diplomata, pois Paulo sempre o enviava para pacificar suas igrejas.

Já no final de sua vida, recebeu de Paulo a incumbência de organizar as comunidades cristãs da ilha de Creta. Infelizmente não possuímos nenhum dado sobre a evangelização de Creta. Depois de certo tempo, Tito foi substituído na missão por Ártemas e Tíquico e a pedido de Paulo para a cidade de Nicópolis (Tt 3,12). Logo depois foi enviado para a Dalmácia (2Tm 4,10).

É provável que, após a morte de Paulo, Tito tenha retornado para Creta. Segundo uma antiga tradição, ele morreu em Gortyna na Ilha de Creta com 93 anos de idade.

9.2 As cartas

9.2.1 A questão da paternidade paulina

O estudo dessas três cartas é monopolizado pela questão da autoria paulina. Os outros temas como data de redação, propósito, mensagem dependem da questão da autoria. De todas as cartas disputadas (2Ts; Cl; Ef), as Cartas Pastorais são as que têm menos chances de ser do Apóstolo Paulo.

Os defensores da paternidade paulina afirmam que a Igreja jamais teria aceitado essas cartas no Cânon Bíblico se não tivesse certeza de que são escritos de Paulo à Timóteo e à Tito. A obra de um falsário nunca seria considerada um texto inspirado por Deus.

De fato, a Tradição da Igreja sempre atribuiu essas cartas ao Apóstolo Paulo. Seu nome aparece no endereço de cada uma delas, e no texto há várias referências à história pessoal de Timóteo e de Tito (cf. 1Tm 1,3; 3,4; 4,13; 5,23; 2Tm 1,4-6; 2,2; 3,10-11; Tt 1,5; 3,12-13). Todos esses textos mencionados mostram um forte relacionamento entre o autor das cartas com Timóteo e Tito.

Ora, Tito esteve ao lado de Paulo desde a primeira viagem do apóstolo. Timóteo foi batizado por Paulo na sua segunda viagem missionária e desde então não se separou do apóstolo.

As primeiras negações da paternidade paulina apareceram no início do século XIX com a crítica racionalista e atingiu, a princípio, somente a Primeira Carta a Timóteo. Mas, poucos anos depois, atingiu também a autoria da Segunda Carta a Timóteo e da Carta a Tito.

Os argumentos contra a autoria paulina são vários. Os mais importantes são:

a) O estilo e o vocabulário.
   O estilo dessas cartas é mais monótono, ao contrário das Cartas Paulinas que apresentam um estilo vivo.
   O vocabulário apresenta muitas palavras novas, não usadas em outras cartas de Paulo.
b) A doutrina é mais normativa. A preocupação principal já não é o anúncio do Evangelho, mas a fidelidade "à verdade". A fé, mais do que adesão pessoal a Cristo, é vista como a aceitação de um conjunto de verdades. Se fala de "sã doutrina" e de "depósito da fé".
c) A organização da Igreja é bastante desenvolvida. Se fala de "epíscopos", "presbíteros" e "diáconos". No lugar de uma Igreja carismática, isto é, onde

os líderes eram escolhidos por seus carismas, encontramos uma Igreja hierárquica. Há uma preocupação com a escolha dos líderes.
d) É difícil situar essas cartas na vida de Paulo como é apresentada nos Atos dos Apóstolos.

Logicamente todos esses argumentos são contestados pelos que defendem a autoria paulina das cartas. Vejamos:

a) Afirmam que o estilo e o vocabulário não são argumentos decisivos para negar a autoria paulina, pois dependem do secretário que redigiu os textos. Quanto ao vocabulário, dizem eles, na Carta aos Romanos também aparecem cerca de duzentas palavras novas e nem por isso se questiona sua autenticidade.
b) Quanto ao conteúdo mais normativo, se responde que o objetivo de Paulo era dar diretivas a Timóteo, enquanto responsável pela comunidade de Éfeso, e a Tito, o responsável pelas comunidades da Ilha de Creta.
c) A respeito da organização da hierarquia da Igreja, se lembra que o Apóstolo Paulo menciona os chefes das igrejas em outras cartas: 1Ts 5,12; 1Cor 16,1; Rm 12,8; Fl 1,1.
d) A colocação dessas cartas no contexto da vida de Paulo, depende da datação da morte do Apóstolo. Paulo morreu no ano 64 ou mais tarde, no ano 67?

Se admitimos o ano 64 d.C. como a data da morte de Paulo, certamente teremos dificuldades em situar essas cartas na sua vida. Mas, é possível situá-las na vida do apóstolo se admitimos que ele tenha sido martirizado no ano 67 d.C., em Roma.

Depois de esperar por dois anos, o julgamento no tribunal do imperador, é provável que o prisioneiro Paulo tenha sido libertado. Aqueles que o acusavam, isto é, os fariseus, não compareceram ao tribunal ou não convenceram os juízes.

Uma vez libertado, Paulo teria viajado para a Espanha, pois esse era seu desejo (cf. Rm 15,28). Tradições da Catalunha, narram a presença de Paulo nessa região da Espanha. Ao retornar da Espanha, Paulo teria visitado suas comunidades da Grécia e da Ásia Menor entre os anos 65 a 67 d.C. Na ocasião teria deixado Timóteo como responsável pela igreja de Éfeso e Tito das comunidades da Ilha de Creta.

Em Mileto, Paulo separou-se de Trófimo que estava enfermo (2Tm 4,20); esteve ainda em Nicópolis (Tt 3,12) e foi preso pela segunda vez na cidade de Trôade (2Tm 4,13). Paulo teria escrito a Primeira Carta a Timóteo e a Carta a Tito entre os anos 65 e 66 d.C., talvez na Macedônia.

Levado para Roma como prisioneiro no ano 66 d.C., ali teria escrito sua última carta, a Segunda Carta a Timóteo. Paulo morreu decapitado em Roma no ano 67 d.C.

Se as Cartas Pastorais não são de Paulo, a quem atribuí-las?

Houve autores que as atribuíram a São Lucas, o autor do terceiro Evangelho e dos Atos dos Apóstolos. Outros afirmaram que São Policarpo, bispo da cidade de Esmirna ou algum membro do seu clero, seja o verdadeiro autor.

Há, ainda, os que dizem que o Apóstolo Paulo deve ter enviado seja a Timóteo como a Tito algumas observações para auxiliá-los nos seus ministérios e que, após sua morte, um dos seus colaboradores teria composto as atuais cartas servindo-se dessas recomendações.

Embora ainda não haja unanimidade entre os autores, a grande maioria dos autores católicos e protestantes atribuem a redação das Cartas Pastorais não ao Apóstolo Paulo, mas à "Escola Paulina". Por "Escola Paulina" se entende o movimento de reflexão e de espiritualidade que nasceu espontaneamente entre os seguidores de Paulo.

Pelos Atos dos Apóstolos e pelas próprias cartas de Paulo nós conhecemos os nomes de muitos de seus colaboradores: Timóteo, Tito, Áquila e Priscila, Apolo, Aristarco, Lucas, Trófimo, Tíquico e muitos outros. Entre seus seguidores, o ensino de Paulo foi meditado, transmitido e adaptado às novas situações das comunidades cristãs. É provável que algum desses discípulos de Paulo tenha reunido as várias cartas do Apóstolo formando uma coleção. E após a sua morte redigiram outros textos baseados no seu ensino.

Entre as cartas escritas com base na autoridade de Paulo estão a Carta aos Efésios e as Cartas Pastorais. Não se trata de obras de falsários que deturparam o pensamento do Apóstolo. Os autores dessas cartas eram muito próximos de Paulo, e não quiseram se apropriar de sua autoridade. Ao contrário, consideram Paulo como autor, no sentido que desejavam prolongar e atualizar sua compreensão e pregação do Evangelho.

9.2.2 Data e local de composição

A determinação da data e local de redação dessas cartas depende da aceitação ou não da autoria paulina. A Tradição da Igreja colocou a redação dessas cartas no período em que Paulo esteve preso em Roma, entre os anos 61 a 63 d.C.

Admitindo a possibilidade de libertação de Paulo após dois anos de prisão em Roma, de sua viajem para a Espanha e posterior viajem para a Grécia e Ásia Menor, essas cartas podem ser datadas entre os anos 66 e 67 d.C.

A Primeira Carta a Timóteo pode ter sido escrita na Macedônia no ano 66 d.C. A Carta a Tito é colocada, cronologicamente, entre as duas cartas a Timóteo. Portanto, deve ter sido redigida também na Macedônia na mesma época da Primeira Carta a Timóteo.

A Segunda Carta a Timóteo pode ter sido escrita em Roma, durante a segunda prisão de Paulo, pelo ano 67 d.C. Paulo afirma que está preso (2,9) e que o momento de sua morte se aproxima (4,6-8).

Se essas cartas foram escritas por um discípulo de Paulo após a sua morte, elas devem ser situadas entre os anos 68 a 100 d.C., pois já eram conhecidas no final do primeiro século e início do segundo. Elas foram citadas por vários autores cristãos, entre eles Clemente Romano, Inácio, Policarpo, Irineu.

9.3 A Primeira Carta a Timóteo

A carta é endereçada a Timóteo, não na qualidade de amigo, discípulo ou colaborador de Paulo, mas enquanto responsável pela igreja de Éfeso.

O objetivo é alertá-lo a respeito dos "falsos doutores", isto é, das heresias que começavam a aparecer no seio da Igreja. Timóteo é exortado a defender a sã doutrina. A carta oferece também uma série de normas para os diversos ministérios da comunidade, tais como o "epíscopo" (3,1-7), os diáconos (3,8-13), os presbíteros (5,17-25), as viúvas (5,3-16), os escravos (6,1-2). E, logicamente, o autor incentiva Timóteo na sua ação como responsável de toda a comunidade cristã.

Estrutura

- Endereço e saudação (1,1-2).

> Paulo, apóstolo de Cristo Jesus [...] a Timóteo, verdadeiro filho na fé: a graça, a misericórdia e a paz de Deus Pai e de Cristo Jesus, nosso Senhor.

- Corpo da carta (1,3–6,19).
  - 1,3-20 – O ensino do Evangelho.
  - 2,1-15 – A organização do culto.
  - 3,1-16 – A organização dos ministérios.
  - 4,1–6,19 – Trabalho pastoral de Timóteo.
- Conclusão da carta (6,20-21).

9.4 A Segunda Carta a Timóteo

Essa carta possui as mesmas características literárias das outras duas cartas (1Tm; Tt). Também insiste na transmissão fiel da mensagem evangélica recebida. Mas não fala da organização da Igreja. Ela possui um tom pessoal importante. Inclusive alguns autores admitem a possibilidade de ser da autoria de Paulo. Pois as informações históricas que a carta apresenta podem ser colocadas no contexto dos últimos dias da prisão de Paulo em Roma narrada nos Atos dos Apóstolos.

A carta é cheia de emoção, pois Paulo tem consciência de sua morte próxima (4,6). Somente Lucas está a seu lado. E sabemos pelos Atos dos Apóstolos que Lucas foi seu companheiro na viagem para Roma como prisioneiro.

Na primeira audiência de seu processo, ninguém o assistiu (4,16). Alguns de seus amigos, como Tíquico, Crescente e Tito estavam longe por causa do ministério. Outros, como Demas, o abandonaram (4,10).

A carta é quase um testamento espiritual de Paulo a seu discípulo mais amado.

Estrutura
- Endereço e saudação (1,1-2).
  > Paulo, pela vontade de Deus apóstolo de Cristo Jesus [...] ao amado filho Timóteo: graça, misericórdia e paz da parte de Deus Pai e de Cristo Jesus, nosso Senhor.
- Ação de graças (1,3-5).
  > Dou graças a Deus, a quem sirvo com pureza de consciência [...].
- Corpo da carta (1,6–4,5).
  - 1,6–2,13 – exortação a Timóteo para pregar e sofrer pelo Evangelho.
  - 2,14–4,5 – cuidado com os falsos doutores.
- Conclusão (4,8-22): notícias pessoais.

9.5 A Carta a Tito

Possui as mesmas preocupações pastorais que encontramos na Primeira Carta a Timóteo, ou seja, o cuidado com os falsos doutores, a organização das comunidades. Por ser mais breve que a Primeira Carta a Timóteo, alguns consideram a possibilidade dessa carta ser anterior.

9.5.1 Estrutura

- Endereço e saudação (1,1-4).

  > Paulo, servo de Deus e apóstolo de Jesus Cristo [...] a Tito, meu filho verdadeiro na mesma fé, a graça e a paz da parte de Deus Pai e de Cristo Jesus, nosso Salvador.

- Corpo da Carta (1,5–3,11).
  - 1,5-16 – a missão de Tito em Creta.
  - 2,1–3,11 – a pregação de Tito.
- Conclusão (3,12-15): notícias pessoais e saudação final.

9.5.2 Mensagem

A ausência ou mesmo a morte de Paulo, fez surgir nas suas comunidades o problema da continuidade de sua ação evangelizadora. Timóteo, Tito, e muitos outros discípulos e membros de sua equipe missionária asseguraram a continuidade no anúncio do Evangelho. Porém, era preciso olhar além.

A Igreja corria o perigo da infiltração de falsos pregadores com suas doutrinas falsas. Sabemos que no final do século I e início do II começaram a surgir várias leituras errôneas do cristianismo. Conhecemos, por exemplo, o herege Marcião que, na primeira metade do século I, separou-se da Igreja dando origem a uma das primeiras heresias. Aparecem também as primeiras manifestações de tendência gnóstica.

Essas cartas apresentam uma preocupação com esses "falsos doutores" que ensinam *"outra doutrina e não concorda com as sãs palavras de nosso Senhor Jesus Cristo"* (1Tm 6,3). A preocupação com esses "falsos doutores" está presente nas três cartas (1Tm 1,3-6; 4,1-16; 6,3-10; 2Tm 2,14-26; Tt 1,10-16).

O autor não dá maiores explicações sobre a doutrina ensinada pelos falsos doutores. Apenas menciona alguns tópicos como "fábulas e genealogias" (1Tm 3,4), proibição do casamento e abstinência de certos alimentos (1Tm 4,3) e a busca de lucro ilícito (Tt 1,11).

Era preciso também se preocupar com os futuros dirigentes das comunidades cristãs. Por isso essas cartas insistem nos critérios para a escolha dos "epíscopos", presbíteros e diáconos. Entre as várias qualidades exigidas, se requer que esses homens sejam mestres, capazes de guardar com fidelidade o "depósito da fé" (1Tm 6,20; 2Tm 1,14), ou seja, de transmitir a doutrina íntegra anunciada pelo Apóstolo Paulo.

Ao falar da organização da hierarquia da Igreja nas Cartas Pastorais, é preciso evitar dois exageros: dizer que nas igrejas paulinas não havia nenhuma hierarquia e afirmar a hierarquia aqui apresentada como perfeita. Em várias de suas cartas o Apóstolo Paulo menciona os dirigentes das comunidades (cf. 1Ts 5,12; Fl 1,1; Rm 16,1).

Por outro lado, a hierarquia da Igreja apresentada nessas cartas não pode ser comparada com aquela que aparece na Carta de Santo Inácio de Antioquia no século II, quando a Igreja é governada por um bispo com seu conselho presbiteral. Não se pode afirmar que Timóteo e Tito eram bispos residentes, pois Paulo os envia para missionar outros lugares. Também, se tem a impressão que os termos "epíscopos" e "presbíteros" designavam a mesma função na Igreja. Portanto, as Cartas Pastorais refletem as preocupações da Igreja no período posterior à morte de vários Apóstolos e o surgimento da comunidade pós-apostólica.

REFERÊNCIAS

BARBAGLIO, Giuseppe. *As Cartas de Paulo (I)*. Bíblica Loyola. São Paulo: Edições Loyola, 1989.

BARBAGLIO, Giuseppe. *As Cartas de Paulo (II)*. Bíblica Loyola. São Paulo: Edições Loyola, 1991.

BARBAGLIO, Giuseppe. *As Cartas de Paulo (III)*. Bíblica Loyola. São Paulo: Edições Loyola, 1992.

BARBAGLIO, Giuseppe. *1-2 Coríntios*. Pequeno Comentário Bíblico NT. São Paulo: Edições Paulinas, 1993.

BORING, M. Eugene. *Questões introdutórias do Novo Testamento e Escritos Paulinos. Introdução ao Novo Testamento 1*. Santo André: Academia Cristã; São Paulo: Paulus, 2016.

BORTOLINI, José. *Introdução a Paulo e suas cartas*. São Paulo: Paulus, 2001.

BOSH, Jordi Sánchez. *Escritos Paulinos*. Introdução ao estudo da Bíblia – Vol. 7. São Paulo: Editora Ave-Maria, 2002.

COMBLIN, José. *Epístola aos Filipenses*. Petrópolis: Vozes, Imprensa Metodista e Editora Sinodal, 1985.

COMBLIN, José. *Epístola aos Colossenses e Epístola a Filêmon*. Petrópolis: Vozes, Imprensa Metodista e Editora Sinodal, 1986.

COMBLIN, José. *Epístola aos Efésios*. Petrópolis: Vozes, Imprensa Metodista e Editora Sinodal, 1987.

COMBLIN, José. *Atos dos Apóstolos Vol. I:1-12*. Petrópolis: Vozes, Imprensa Metodista e Editora Sinodal, 1988.

COMBLIN, José. *Atos dos Apóstolos Vol. II:13-28*. Petrópolis: Vozes, Imprensa Metodista e Editora Sinodal, 1989.

COTHENET, Edouard. *A epístola aos Gálatas*. Cadernos Bíblicos 34. São Paulo: Edições Paulinas, 1985.

CRANFIELD, C.E.B. *A Carta aos Romanos*. Grande Comentário Bíblico. São Paulo: Edições Paulinas, 1992.

DRANE, John. *A vida da Igreja primitiva* – Um documentário ilustrado. São Paulo: Edições Paulinas, 1985.

FABRIS, Rinaldo. *Atos dos Apóstolos* – Pequeno Comentário Bíblico NT. São Paulo: Edições Paulinas, 1984.

FABRIS. Rinaldo. *Para ler Paulo*. São Paulo: Edições Loyola, 1996.

FERNANDES, Leonardo Agostini. *Paulo e a Igreja de Tessalônica* – Vivência da paz e alegria do Evangelho. São Paulo: Paulinas, 2017.

FERREIRA, Joel Antônio. *Gálatas*. São Paulo: Edições Loyola, 2005.

GIAVINI, Giovanni. *Gálatas* – Liberdade e lei na Igreja. São Paulo: Edições Paulinas, 1987.

GNILKA, Joachim. *A Epístola aos Filipenses*. Coleção Novo Testamento Comentário e Mensagem n. 11. Petrópolis: Vozes, 1978.

GOURGES, M. Atos 13-28 – O Evangelho anunciado aos pagãos. Cadernos Bíblicos-60. São Paulo: Paulus, 1994.

QUESNEL, Michel. *Paulo e as origens do cristianismo*. São Paulo: Edições Paulinas, 2004.

MARGUERAT, Daniel. *A primeira história do cristianismo* – Os Atos dos Apóstolos. Bíblica Loyola 35. São Paulo: Paulus Editora ; Edições Loyola, 2003.

MARTIN, Aldo; BROCCARDO, Carlo & GIROLAMI, Maurizio. *Cartas Deuteropaulinas e Cartas Católicas*. Introdução aos estudos bíblicos. Petrópolis: Vozes, 2020.

MOSCONI, Luís. *Atos dos Apóstolos* – Como ser Igreja no início do terceiro milênio. São Paulo: Paulinas, 2001.

PITTA, Antonio. *Cartas Paulinas*. Introdução aos Estudos Bíblicos. Petrópolis: Vozes, 2019.

ROSSI, Luiz Alexandre S. *1 Tessalonicenses* – Fé, esperança, amor e resistência. São Paulo: Edições Paulinas, 2017.

STORNIOLLO, Ivo. *Como ler Os Atos dos Apóstolos*. São Paulo: Paulus, 1993.

TRIMAILLE, Michel M.E.P. *A Primeira Epístola aos Tessalonicenses*. Cadernos Bíblicos,37. São Paulo: Edições Paulinas, 1986.

VÁRIOS AUTORES. *Uma leitura dos Atos dos Apóstolos*. Cadernos Bíblicos-19. São Paulo: Edições Paulinas, 1983.

COLEÇÃO INTRODUÇÃO À BÍBLIA

Pe. José Carlos Fonsatti, CM

- *O Pentateuco – Introdução geral*
- *Introdução à Bíblia*
- *Os Livros Históricos da Bíblia*
- *Os Livros Proféticos*
- *Os Salmos e os Livros Sapienciais*
- *Introdução aos Quatro Evangelhos*
- *Atos dos Apóstolos e Cartas de São Paulo*